사람들은 건물을 가진 사람을 만나면 대부분 건물을
얼마에 샀고 얼마나 올랐는지 묻는다. 건물주에게는 건물을
어떻게 사게 되었는지가 가장 중요한 이야기인데
사람들은 이득의 크기에만 관심을 갖는다. 건물주가 그 건물을
어떻게 사게 되었는지 들어보면 은행을 이용하는 방법,
매도인의 심리와 매수인의 심리, 매매금액이 조정되는 원리,
임대 과정 등 수많은 이야기를 알 수 있다. 그 어떤 경제학
교과서보다 살아있는 돈벌이를 가르쳐주는 것이다.
그런데 우리는 왜 이런 것에는 관심을 두지 않고
그가 얼마나 이득을 보았는지에만 관심을 두는 것일까.

나를 기다리는 돈 벌기 스승들

열심히 노력해야 돈을 번다고? 그것은 돈 벌기의
핵심은 아니다. 돈을 버는 목적이 분명하면, 돈을 어디에
쓸 것인지가 분명하면 무작정 돈만 빨리빨리 모으려는
욕심쟁이보다 돈을 천천히 벌어도 더 짧은 기간에
재미있게 목적하는 바를 이룰 수 있다.
사람들은 말한다. 돈만 있으면 쓸데가 너무나 많다고.
그런데 이런 사람들은 돈을 잘 벌 수가 없다. 왜?
쓸데가 분명해야 돈이 생기는 것인데, 돈이 있어야 쓸데가
생기는 것으로 착각하고 있기 때문이다.

그대는 왜 돈을 벌려고 하는가?

돈과 영성

돈을 넘어 돈의 세계로

윤 학

돈과 영성

펴낸곳 도서출판 흰물결
펴낸이 윤   학

1판 1쇄 발행일 2020년 8월 15일
1판 6쇄 발행일 2024년 9월 29일

주   소 06595 서울 서초구 반포대로 150 흰물결아트센터 4층
등   록 1994. 4. 14 제3-544호
대표전화 02-535-7004 팩스 02-596-5675
이메일 mail@imreader.com
홈페이지 www.imreader.com
         www.worldreader.net

값 15,000원
ISBN 978-89-92961-56-1

돈과 영성

돈을 넘어 돈의 세계로

흰물결

돈의 진리를 찾아

나에게 돈의 정체를 제대로 알려주는 사람은 없었다. 나도 돈에 대해 별 관심을 두지 않고 살았다. 사람들이 돈에 밝은 사람을 멸시하는 것 같았기 때문이다.

그런데 내게 필요한 만큼의 돈은 늘 모여들었고 무슨 일을 하는 데 돈이 없어서 못 하는 경우는 거의 없었다. 그래서 나에게 어떻게 돈이 모여들었는지, 내가 어떻게 돈을 썼는지 돌아보게 되었다.

놀랍게도 돈을 버는 데도 돈을 쓰는 데도 어떤 중요한 법칙이 작용하고 있다는 걸 발견했다. 세상 만물이 진리대로 움직이는데 돈의 움직임이라고 진리에서 벗어나겠는가.

돈에 대한 생각이 정립되지 않고 행복한 삶을 살아갈 수 있는 사람은 이 지구상에 없다. 돈 문제에서 자유로워지지 않으면 삶은 고단할 뿐이다. 그런데 우리는 돈을 얼마나 가졌느냐에 따라 돈 문제가 해결된다는 생각에 익숙해 있다.

그러나 돈을 무엇으로 어떻게 보느냐에 따라 돈 문제는 생각보다 쉽게 해결될 수 있다. 돈에 대한 고정관념에서 벗어나 돈에 대한 새로운 시각으로 삶을 보다 더 가치 있게 살았으면 하는 마음에서 이 책을 쓰기로 했다.

서초동 흰물결에서

윤 학

차례

돈, 왜 공부하지 않는가

돈 버는 원칙

영성에 눈뜨면 돈이 보인다

돈 벌기 과연 어려운가?

돈 벌기 어렵다고?

돈 벌기 왜 어려운가?

1   돈 벌기가 쉽냐 어렵냐 물어보면 사람들은 거침없이 돈 벌기는 어렵다고 대답한다. 이것은 진리일까?

2   수학이 어렵다는 사람이 수학을 잘 풀 수 있을까. 수학을 어렵다고 믿는 사람은 수학을 포기하고 만다. 돈 벌기가 어렵다는 사람도 돈을 잘 벌 리 없을 것이다.

3   수학을 못 하기 때문에 수학이 어려운 것일까, 아니면 수학이 어렵다고 생각하기 때문에 수학을 못 하는 것일까.

4   수학을 잘 푸는 사람에게 수학이 어렵냐고 물으면 수학처럼 쉬운 것은 없다고 대답할 것이다. 재벌에게 돈 벌기가 어려웠냐고 물어보면 뭐라고 대답할까?

5   돈이란 벌기 어려운 것이라고 미리 그림을 그리며 사는 사람에게 돈이 들어올 수는 없을 것이다. 그런데 왜 돈 벌기는 어렵다는 생각부터 하는 것일까.

6   돈 벌기가 어렵다고 믿는 사람은 결국 스스로 돈 벌기를 포기하겠다고 선언하는 것과 같다. 스스로를 가난한 사람으로 만들고 있는 것이다.

7   세상 사람들에게 '수학은 쉽다'거나 '돈 벌기는 쉽다'고 말하면 잘난 척한다고 비난이 쏟아질 것이다. 그래서 돈 벌기가 쉽다고 믿는 사람도 비난받을 것이 두려워 사람들 입맛에 맞게 "돈 벌기는 어렵다."고 말해버린다. 이렇게 세상 사람들의 비난 때문에 덮이는 진실이 얼마나 많은가.

돈을 잘 못 버는 사람일수록

1   우리는 영어, 수학은 밤을 새워 공부하면서도 돈에 대해서는 공부하지 않는다. 돈도 제대로 공부하지 않으면 돈 벌기는 어려울 수밖에 없다.

2   수학이 어렵다고 믿는 사람들은 지레 겁먹고 수학을 배우려고 하지 않는다. 수학을 배우려 하지 않으면 수학은 그 사람에게 더욱 어렵게 되고, '수학은 어렵다'는 말이 그 사람에게는 영원히 진리가 되어버린다.

3   재미있는 것은 돈을 잘 못 버는 사람일수록 돈을 공부하려 들지 않는다. 그러면 돈 벌기는 더욱 어렵다는 생각을 갖게 되고 돈은 그에게서 더욱더 멀어져간다.

4   누군가 돈 버는 방법을 알려주려고 해도 '돈 버는 방법이 어디 있어?' 하고 비웃을 뿐이다. 그렇게 비웃는 사람이 많을수록 사람들은 '돈 버는 방법은 없다'는 말을 진리로 떠받든다.

5   돈을 잘 벌려면 무엇부터 해야 하나. 수학을 공부하면

수학이 점점 쉬워지듯이 돈 벌기도 돈을 공부하면 점점 쉬워질 것이다.

6   우리는 불치병에 걸리면 생활습관을 바꿔보려고 노력한다. 성적이 오르지 않으면 공부 방법을 바꿔보려고 한다. 결혼생활이 파탄에 이르게 되면 상대방 탓을 하다가도 스스로를 바꿔보려고 노력한다. 그렇게 자기를 바꿈으로써 불치병에서 벗어나기도 하고 성적이 오르기도 하고 결혼생활이 제자리를 찾기도 한다.

7   인생살이에 문제가 생기거나 더 나은 삶을 살고자 할 때 우리는 나 자신을 바꿔야 한다고 생각한다. 나 자신을 바꾼다는 것은 생각을 바꾸는 것이다.

8   그런데 어찌 된 일인지 돈 벌기의 어려움에서 벗어나고 싶은 사람들은 많아도 "돈이 벌리지 않아! 내 생각부터 바꿔야겠어!"라고 말하는 사람이 없다. 모두 경제적 여건이나 운, 능력이나 인맥을 탓할 뿐이다.

9   돈 벌기에 대한 나의 생각은 과거의 내 경험에서 비롯

된 것이다. 그래서 과거에 돈 벌기가 어려웠다면 그 경험에서 비롯된 생각을 바꾸어야만 한다.

10   생각이 바뀌면 세상이 달라지듯이 '돈 벌기는 어렵다'고 생각하다가 '돈 벌기는 쉽다'고 생각이 바뀌면 세상이 달라질 것이다. 나를 둘러싼 경제적 여건도 달라져 돈 벌기 어려웠던 과거와는 다른 경제적 여건에서 경제활동을 하게 될 것이다.

돈 버는 법도 모르면서

1   수학을 잘 못 하면 사람들은 수학을 모른다고 인정한다. 그런데 돈을 잘 못 벌면서도 돈 버는 법을 모른다고 인정하는 사람은 없다.

2   돈 버는 법을 모른다고 스스로 인정해야 돈 벌기에 대해서 알아보려고 할 텐데, 누구도 돈 버는 법에 대해서는 모른다고 하지 않으니, 돈 버는 법을 가르쳐주고 싶은 사람이 있어도 가르쳐줄 수가 없을 것이다.

3   돈 벌기가 어려우면 공부를 해야 하는데 사람들이 공

부하지 않는 이유는 무엇일까? 그것은 대부분 돈을 벌어본 경험이 있기 때문이다. '이렇게 했더니 돈이 들어오더라' 하는 경험이 있으니 나름대로 돈 버는 법을 안다고 믿는다.

4   아무리 가난한 사람도 돈 버는 방법은 알고 있다고 생각한다. 다만 자기에게는 돈 벌 여건이 따라오지 않았을 뿐이라고 확신한다.

5   돈을 많이 벌어본 부자의 돈 버는 방법과 돈을 많이 벌어보지 않은 사람의 돈 버는 방법이 같을까? 누군가 한쪽은 틀렸다는 것을 인정할 때 비로소 돈 버는 방법을 올바로 배우려 할 것이다.

6   그러므로 돈 벌기가 쉬워지려면 '돈 벌기가 어렵다'는 생각에서 먼저 벗어나야 하고 '돈 버는 법을 모른다'는 사실을 인정해야 한다. 그래야 돈 버는 법을 제대로 배울 수 있지 않겠는가.

잃어버린 신발 열 켤레

"너처럼 요령 없는 사람이 커서 밥벌이라도 하겠냐."

섬에서 중학교를 마치고 대도시 고등학교에 입학시험을 보러 갔다. 그런데 누군가 내 신발을 신고 가버렸다.

학교를 온통 뒤졌지만 내 신발은 온데간데없고 더럽고 닳아빠진 신발만 놓여있었다. 발 고린내가 너무 지독해 신기에도 겁이 났다. 그 후에도 나는 수없이 신발을 도둑맞았다. 어머니가 깨끗이 빨아준 신발이라 쉽게 표적이 되었다. 미심쩍어 쉬는 시간에 신발장을 들여다보면 어느새 신발이 사라지고 없었다.

남이 볼까 봐 책상 밑에 신발을 들여놓을 융통성도 없었던 나는 입학 후 1학기 동안 열 번도 넘게 신발을 새로 사야 했다. 섬마을에서 도회지로 공부하러 온 형편이라 넉넉하지 못한 살림에 큰 부담이 아닐 수 없었다.

　　그날도 나는 신발을 잃어버리고 냄새나는 헌 신발을 신고 자취방으로 왔다. 전날 섬에서 올라온 어머니가 사준 신발을 또 도둑맞은 것이다. 냄새나는 신짝을 신고 오는 아들의 모습을 본 어머니는 여느 때와 달리 마당을 왔다 갔다 하며 몹시 절망스러워하셨다.

　　"너처럼 요령 없는 사람이 커서 밥벌이라도 하겠냐. 너도 다른 아이들처럼 남의 신발이라도 한번 신고 와봐라."

　　어머니의 말씀을 들으면 들을수록 내 장래를 걱정하는 어머니의 마음이 그대로 가슴속에 밀려들어 왔다. 신발 한번 훔쳐볼 요령도 없는 내가 어른이 되면 과연 생계라도 제대로 꾸려나갈지 걱정되었다.

　　나는 겁먹은 아이처럼 방 한가운데 한참을 앉아있었다. 그런데 그때 메마른 땅에 샘물이 솟듯 마음속에서 어떤 희망이 일었다. 요령 부리며 사는 길도 있겠지만, 반대로 정직하게 사는 길이 반드시 있을 것 같다는….

그런 생각을 했더니 가슴속에 신선한 희망이 피어올랐다. 하마터면 나는 "엄마! 걱정하지 마세요." 하고 큰소리칠 뻔했다. 그러나 그때는 확신이 없었다. "정직하면 손해 본다." "요령 없으면 밥벌이도 못 한다."는 어른들의 말을 그냥 쉽게 무시해버릴 수 없었기 때문이다.

사법연수원을 마친 뒤 국제거래 전문 로펌에 다니다가 변호사 개업을 하려고 하던 때였다. 전관예우前官禮遇 때문에 판검사 출신 변호사가 아니고는 사건 맡기가 쉽지 않다는 이야기가 떠돌아다녔다. 주위 분들도 그런 경력이 없는 내가 사무실이라도 유지하려면 사건을 유치하는 사무장을 따로 두어야 한다고 충고했다.

그런데 나는 그런 말을 들을수록 요령 부리지 말고 사무실을 한번 운영해봐야겠다는 마음이 더욱 굳어졌다. 그러나 현실은 뜻대로 되지 않을 것 같았다. 법조 고위직을 지냈다는 분이나 브로커를 쓰는 변호사 사무실에 가보면 손님들이 북적북적했지만 한 달이 되도록 내 사무실을 찾는 고객은 한 사람도 없었다.

개업한 지 한 달이 다 되어갈 무렵, 부인 두 명이 상담하러

왔다. 남편들이 집행유예 기간 중에 다시 똑같은 범죄와 더 큰 범죄를 저지르고 감옥살이를 하고 있는데 석방시킬 수 있느냐고 물었다. 법원이나 검찰에서 그런 사람을 풀어준다는 것은 거의 불가능한 일이었다. 만약 내가 석방시킬 수 없다고 사실대로 대답하면 사건을 맡기지 않을 것은 너무도 뻔해 보였다. 나는 첫 사건인지라 꼭 맡아 사무실 임대료도 내고 직원 월급도 주고 싶었다. 나는 갈림길에 서 있었다.

그때 고등학교 시절 가슴속에서 꿈틀거렸던 '요령 부리지 않고 정직해도 사는 길이 있을 것'이라는 생각이 떠올랐다. 사건을 맡지 못하더라도 거짓말하지는 말아야겠다고 다짐하고 나는 분명하게 대답했다. "남편의 죄가 큽니다. 석방시키기 힘들겠습니다." 그 순간 모처럼 찾아온 사건을 놓치는 아쉬움을 느꼈다. 그러나 내 예측과는 달리 부인 한 명이 "변호사님! 이 사건 맡아주세요."라고 말했다.

내 귀를 의심했다. 의아해하는 나에게 그 부인은 말했다. "변호사님을 만나기 전 몇 군데 법률사무소에 들렀습니다. 거의 모두 돈만 많이 쓰면 남편을 석방시킬 수 있을 듯이 이야기했습니다. 그러나 나는 세운상가에서 첫째가는 장사꾼입니다. 상가에서 이런저런 사람을 수없이 상대해봤기 때문에 누가 거짓말하는지 정직하게 말하는지 대번에 알 수 있습니다. 그런데 변호사님이 정직하게 대답해주셔서 남편의 일을 믿고 맡길 수 있겠다는 판단이 들었습니다. 열심히만 해주십시오."

그 부인은 내가 요구한 수임료 2백만 원보다 더 많은 3백만 원을 꺼내더니 다시 1백만 원권 수표 30장을 내밀었다. 무슨 돈이냐고 묻자 "어차피 변호사 선임에 쓰려고 가지고 다닌 돈이니 그냥 넣어두라."고 말했다.

3천만 원이면 강남에 아파트를 한 채 살 수 있는 거금이었다. 당시 전 재산 7백만 원으로 전세를 살던 내게는 너무 큰 돈이었다. 필요 없다며 그 돈을 돌려주자 부인은 날마다 전화로 "돈이 더 필요하지 않으시냐?"고 물어왔다. 나는 끝내 그 돈을 받지 않았다.

다른 부인은 5천만 원을 들여 전직 법무부장관을 변호인으로 선임했다는 이야기를 전해 들었을 때 나는 괜히 신바람이 났다. 열심히 변론을 준비했다. 결국 나는 내게 의뢰한 부인의 남편을 더 빨리 석방시킬 수 있었다.

이런 경험을 통해 나는 '전관예우'라는 말 자체가 정직하지 않고 불성실한 사람들이 만들어낸 것이라고 생각하게 되었다. 또한 세상에서는 '무전유죄 유전무죄'라고 말하지만 실상 법을 다루는 분들은 양심에 따라 결정한다는 확신도 가질 수 있었다. 무엇보다 정직하게 살면 잘 살 수 있다는 귀중한 체험을 하게 되었다.

요령이 없어 손님 한 명 없을 줄 알았던 나에게 손님은 계속 줄을 이었다. 나를 찾은 손님이 다른 손님을 소개하고 그 손님들이 또 다른 이를 소개해주었기 때문이다.

그때 그 부인에게 남편을 석방시킬 수 있다고 큰소리쳤더라면 지금 나는 어떤 길을 가고 있을까 가끔씩 생각해본다.

스스로 찾아가는 돈과 영성

1 돈 벌기가 어렵다고 생각하는가?

2 '요령 있어야 돈 번다' '전관예우' '무전유죄 유전무죄' 등 세상 사람들의 말을 믿으면 돈을 잘 벌 수 있을까?

3 돈 버는 방법이 있다고 생각하는가?

4 그대는 초짜 변호사와 장관 출신 변호사 중 누구를 더 높은 사람으로 보고 있는가?

5 그대는 조건 없이 주는 돈을 거부한 적이 있는가? 그때 스스로를 어떻게 느꼈는가?

돈 버는 법을 안다고?

그대, 돈 버는 법 아는가

1   돈 버는 법은 잘 알지만 운이 없어서 돈은 벌지 못했다는 사람들이 많다. 돈 버는 법은 잘 알지만 돈 벌기는 어렵다고 말하는 사람도 많다. 고기 잡는 법을 잘 아는 사람이 고기 잡기가 어렵다고 하던가?

2   돈 벌기 어렵다고 하는 사람들은 자신이 돈 버는 법을 모른다는 것을 만천하에 공언하는 것과 마찬가지다. 그런데

도 스스로는 돈 버는 법을 알고 있다고 믿고 있으니….

3   운이 돈을 벌어주는 것이라고 말하는 사람도 많다. 운이 돈을 벌어주는 것이라면, 운만 있으면 돈 벌기처럼 쉬운 것은 없다고 말해야 할 터인데도 무조건 돈 벌기는 어렵다고 자신 있게 말하니 얼마나 모순인가.

4   아는 것을 안다고 하고 모르는 것을 모른다고 해야 제대로 아는 것인데 사람들은 그럭저럭 알 뿐 제대로 알지 못하면서 안다고 말하기를 좋아한다.

5   사람들은 수학은 배우지 않으면 문제를 잘 풀 수 없다고 한다. 그러나 숨쉬기에 대해서는 어떻게 말하던가. 태어날 때부터 저절로 숨은 쉬어지는 것이라 숨 쉬는 법은 배울 필요가 없다고 할 것이다. 돈 버는 법도 저절로 알게 되는 것일까?

6   그런데 숨을 쉴 때 입으로만 쉬는 사람도 있고, 가슴으로 쉬는 사람도 있으며, 배로 쉬는 사람도 있고, 몸 전체로 쉬는 사람도 있다. 그뿐인가? 숨을 쉬면서 숨을 쉬는 줄 모

르고 쉬는 사람도 있고, 온몸으로 의식하며 쉬는 사람도 있고, 우주와 하나가 되어 쉬는 사람도 있다.

7   입으로만 숨을 쉬는 사람은 자기가 숨을 잘 쉬는 줄 알지만, 우주와 하나 되어 숨을 쉬는 사람은 그가 숨을 더 잘 쉴 수 있는데 아직 모르는 것 같다며 안타까워하지 않을까?

8   웃음도 마찬가지다. 어떤 사람은 입으로만, 어떤 사람은 얼굴로만, 어떤 사람은 몸 전체로 웃는다. 그뿐인가? 그의 웃음이 옆 사람을 웃게 하는 사람도 있고, 우주와 함께 웃는 사람도 있으며, 신까지 웃게 하는 사람도 있다.

9   이 세상 모든 사람들이 숨을 쉴 줄 알고 웃을 줄 안다고 하지만 정녕 제대로 아는 사람이 얼마나 될까. 돈벌이도 마찬가지가 아니겠는가.

10   숨쉬기를 제대로 하는 사람들은 정신적으로나 육체적으로 건강하다. 숨쉬기를 잘하는 사람은 그 방법을 알려주고 싶어 하겠지만 그걸 배우려는 사람이 있을까. 누구든 호흡은 할 줄 안다고 생각하니까….

11   올바른 호흡을 배우려는 사람은 결국 건강하게 살게 되듯이, 돈 버는 법을 배우려는 사람은 돈을 잘 벌 수밖에 없을 것이다. 생명의 원천인 호흡도, 생활의 원천인 돈 벌기도 올바로 배운다면 그보다 더 건강하고 풍요로운 삶이 있겠는가. 그런데 돈 버는 법에 대해 제대로 공부하는 사람은 없으니….

운으로 돈을 번다?

1   사람들은 수학도 돈벌이도 어렵다고 말하면서 수학은 운으로 풀 수 없지만 돈은 운으로 번다고 서슴없이 말한다. 그러나 어려운 수학이 운으로 풀 수 없다면 어려운 돈벌이도 운으로 벌 수 없어야 맞다. 그런데 왜 그렇게 서슴없이 말하는 것일까?

2   사람들은 '누가 얼마나 돈을 많이 벌었는가'에 관심이 많다. 돈은 누구나 많이 갖고 싶은 욕구가 있어서 돈 벌기에 마음을 쏟기 때문이다.

3   그래서 나보다 더 많이 번 사람이 있으면 뭔가 마음이 불편하다. 그 불편한 마음을 느끼기 싫으니 누가 돈을 벌면

운으로 벌었다고 치부해버리고 싶은 것은 아닐까.

4   사람들은 왜 돈을 운으로 벌었다고 하는 것일까? 그
것은 내가 그 사람보다 뭔가 부족하다는 것을 인정하기 싫은
것이다. 그러나 그 말은 내가 그 사람보다 운이 없다는 것을
스스로 인정하는 꼴이 된다.

5   돈은 운이 있어야 번다는 것을 진리처럼 받드는 사람
이라면 그 사람에게는 운이야말로 돈벌이의 가장 중요한 요
소일 것이다. 그런데 그런 확신을 가진 사람이 자신을 운 없
는 사람이라고 인정하고 있으니 스스로를 얼마나 쓸모없는
사람으로 만들고 있는 것인가.

6   자신은 운이 없다는 것을 스스로 믿는 사람에게 앞으
로도 어떤 운이 따라오겠는가. 그렇다면 그는 영원히 돈과는
먼 사람이라는 말인가?

7   돈은 운으로 버는 것일까? 돈 버는 방법대로 하면 버
는 것일까? 돈을 많이 번 사람을 보고 "저 사람 운이 좋아 돈
벌었어." 하는 사람들은 자기도 운만 있으면 돈을 쉽게 벌 것

처럼 말하고 있는 것이다. 그런데 정말 그럴까?

8   사지선다형 수학 문제를 운으로 푸는 사람도 있다. 그러나 그 문제를 제대로 푸는 방법을 아는 사람은 절대로 운에 맡기지 않는다. 그는 손이 아무리 4번을 찍으라고 해도 답을 알아낼 때까지 문제를 풀고서 정답인 3번에 표시할 것이다. 마찬가지로 돈을 버는 방법을 아는 사람은 절대 운에 맡기지 않고 배운 방법대로 돈을 벌 것이다.

9   수학 문제 푸는 방법을 모르는 사람들은 운에 맡기며 답을 찍을 것이고 찍은 답이 정답이면 몹시 기뻐할 것이다. 그러나 수학 문제 푸는 방법을 아는 사람들은 그런 사람들을 보며 '아, 저 사람은 저렇게 쉬운 문제까지 운에 맡기는구나!' 하며 안타까워할 것이다.

10   돈을 많이 번 사람에게 '당신은 운으로 돈을 벌었다' 고 하면 얼마나 억울해하겠는가? 수학 만점을 받은 사람에게 운으로 만점을 받았다고 하는 것과 무엇이 다를까.

돈이 돈을 번다고?

1   사람들은 "돈이 돈을 번다."고 말한다. 물론 돈이 쌓이면 투자를 하고 투자의 대가로 노력 없이 돈을 버는 사람들도 있다. 그러나 투자한 사람들이 다 돈을 벌던가?

2   돈이 없었으면 투자를 못 했을 텐데 돈이 있었기에 투자를 했고 그 투자가 잘못되어 빚더미에 앉은 경우가 얼마나 많던가. 돈이 돈을 번 게 아니라 돈이 돈을 없앤 것이다. 그런데도 사람들은 돈이 돈을 번다고 거침없이 말한다.

3   사람들은 자신의 부족함을 덮기 위해 늘 핑곗거리를 만들어낸다. "돈이 돈을 번다."는 말을 거침없이 하는 사람은 내가 돈을 못 버는 것은 돈 버는 법을 모르는 것도, 노력을 하지 않는 것도, 능력이 없는 것도 아니라는 것을 은연중 표현하고 싶은 것은 아닐까.

4   나는 돈 버는 법도 알고 노력도 하고 능력도 있는 사람이지만 돈이 없어서 돈을 못 버는 것이라고 나의 부족함을 합리화시키는 것이다. 나의 능력과 무지와 노력 없음을 돈에게 뒤집어씌움으로써 나는 무능하고 무식하며 게으른 사람

임을 인정하기 싫어 나온 말이 "돈이 돈을 번다."가 아닐까.

5   돈이 많아서 사람을 망치는 경우가 얼마나 많던가. 돈
이 남아돌면 사람들은 무언가에 투자해야 할 거 같아 기웃대
다가 투자에 실패하기도 하고 사기도 당한다. 그런데 사람들
은 돈이 돈을 번다고만 하지 돈이 돈을 빼앗아간다고 말하진
않는다.

6   돈이 돈을 버는 게 아니라면 무엇이 돈을 벌어주던가.
사람이 돈을 벌기도 하고 잃기도 한다는 것을 확신할 때 돈
이란 내 능력과 지식과 노력에 의해 벌어들이는 것이라고 믿
게 되고 비로소 스스로를 돈벌이에 맞는 사람으로 바꾸려 할
것이다.

정신의 빈부격차

'정신적' 빈부격차나 '사랑'의 빈부격차를 걱정하는
사람들은 차츰 줄어간다. 왜 그럴까?

어릴 적 우리 마을에는 부자가 있었다. 그 부자는 땅을 100
여 마지기나 갖고 있었는데, 그 부부는 늘 논밭에 나와 땀을
뻘뻘 흘리며 일을 했다. 그래서 나는 부자가 되려면 열심히
일을 해야 하는가 보다 했는데 마을 사람들은 그 부인의 은
밀한 곳에 점이 있어서 큰 부자가 된 거라고 수군거렸다.

마을 사람들의 그 말이 하도 그럴듯해 나도 부자로 살 수
있을지 궁금해져 그곳을 살펴봤다. 신기하게 내게도 점이 있
어 나도 부자가 될 수 있겠다는 생각에 기쁘기도 했고, 그 말

이 틀리면 어쩌나 걱정이 되기도 했다.

　가난하고 배고픈 시절이었는데도 그 당시 우리 마을에는 노름하는 어른들이 참 많았다. 아버지를 따라 노름판에 가보면 어른들이 촛불을 밝힌 채 밤새 노름을 하면서 술을 마셨다. 담배 연기 자욱한 그 어두침침한 방… 지저분한 옷매무새에 텁텁한 얼굴이었지만 화투 만지는 솜씨만은 무척 세련되어 그분들이 무슨 '도술'을 부리는 것처럼 보였다.

　화투 셈을 할 때 보면 어찌나 계산이 빠른지 '어떻게 저렇게 머리가 좋을까?' 감탄하다가 '저분들과 공부한다면 나는 꼴찌겠구나!' 하는 생각도 들고, 돈을 베팅하는 배짱이 얼마나 큰지 '나는 쩨쩨한 사람인가 봐!' 주눅도 들었다. 간간이 그분들은 그 마을 부자를 화제로 올렸는데 그를 '술 한잔할 줄 모르는 얼간이'로, '돈만 아는 꼼생이'로 비웃었다.

　그 부자의 집에 가보면 농기구며 안살림들이 가지런히 정리되어 있었다. 마을 사람들은 노름을 하다 빚을 지면 헐값에 그에게 논밭을 팔았고 그래서 그의 전답은 늘어만 갔다. 반면 노름꾼들의 집에 가보면 그들은 대낮인데도 대개 잠을 자고 있었고 방은 들어가기도 겁날 만큼 지저분했다. 꾀죄죄한 아이들은 아버지 말도 잘 듣지 않고 대들기도 해 집

안에서 고함소리도 자주 들렸다. 그런 불순의 그림자가 그들의 집을 송두리째 덮고 있어도 노름꾼들은 아무렇지 않은 듯했다. 그들은 오히려 자신들과 어울려 지내지 않는 사람들을 세상맛을 모르는 사람들로 치부했다.

지방의 대도시 고등학교에 가게 되었다. 먼 친척댁 문간방을 빌어 자취를 했는데 골목 어귀에 그 도시 최고의 부잣집이 있었다. 높은 담장을 끼고 도는 긴 골목을 걸으며 저 집에는 어떤 사람들이 살까? 저 사람들은 무슨 일을 할까? 저 사람들은 무얼 먹고 어떤 옷을 입을까? 궁금했다.

그 후 서울에 올라와 갈 곳이 없었던 나는 독서실 바닥에 신문지를 깔고 잠을 청하곤 했는데, 어느 날 어둠이 깔리던 시각 한강 변에 갔다가 아파트 창문 여기저기서 불이 켜지는 광경을 보게 되었다.

그 아파트에서는 가족들이 둘러앉아 다정하게 식사를 하고 있을 것이었다. 다소곳이 앉아 책을 읽고 있는 여학생도, 다정하게 아버지와 이야기를 나누고 있는 청년도 보이는 듯했다. 그들이 몹시 부러웠지만 내게는 모두 이국 사람들처럼 낯설었다. 서울의 그 수많은 아파트 중에 내가 들어갈 곳은 없었다. 그때 사회과학 서적을 봤는데 내가 못사는 것은 '빈익빈 부익부' 현상 때문이라고 했다. 생각해보니 우리 마을만 보더라도 그 부자는 더욱 부자가 되고 가난한 사람은 더욱 가난해지는 것 같았다. 어느 시사잡지를 읽었더니 재벌은 재벌이나 권력층과 결혼한다는 사실을 인척 관계도표로 만들어 증명해주었다.

재벌 아들은 재벌 딸과 결혼하여 또 다른 재벌 가문으로 탄생되고 있었다. 주위의 가난한 친구들은 가난한 집 딸과 결혼하여 궁색하게 살고 있었다.

그때 내 고향 사람들은 너무나 가난했다. 고향에서는 괜찮은 집에서 살던 사람들도 서울에서는 반지하 단칸방에 세 들어 사는 사람이 많았다. 고향 사람들이 월세방을 벗어날 길은 없는 것인가? '빈익빈 부익부'의 이론에 의하면 배우지도 가지지도 못한 그들이 가난의 굴레를 벗어나는 것은 어려워 보였다. 그렇다면 사람들은 '빈익빈 부익부'에서 벗어날 수 없다는 말인가?

대학을 졸업하고 10여 년이 흐른 어느 날, 고향 사람들이 향우회를 한다며 나를 불렀다. 예상 밖의 번듯한 호텔이었다. 공사판에서 노동일부터 시작했다가 큰 건설회사를 경영하는 사람도 있었고, 점원으로 시작해 강남에 큰 빌딩을 가진 이도 있었다. 서울에 막 올라왔을 때 봤던 가난한 그들이 아니었다.

향우회장은 이런 인사말을 했다. "학벌이 좋은 것도, 물려받은 재산이 있는 것도 아니지만 우리는 서울에 빈손으로 와서 이렇게 많은 것을 이룩했습니다. 우리에게 딸린 가족을 우리보다 더 낫게 살게 해야겠다는 사랑이 있었기 때문일 것입니다."

나는 한 분 한 분을 둘러봤다. 과거에 비하면 말할 수 없이 큰 부자가 되었지만 여전히 그분들은 세련되지 못한 시골스러운 모습을 하고 있었다. 그러나 그분들의 눈빛에서는 무언가 열심히 하면 된다는 자부심, 사람에 대한 따스함이 흘러나오고 있었다. 집으로 돌아오면서 나는 그분들이 '빈익빈 부익부'의 이론을 진리처럼 받아들이고 체념했다면 오늘의 그들이 있을까 생각해보았다.

어쩌면 가난한 이를 대변해준다는 그 말이 가난한 이들을 더욱 체념하게 만들어 '가난의 굴레'에서 벗어나지 못하게 할 수도 있겠다는 생각이 들었다. 나도 그 이론을 신봉하고 살았다면 아직도 '초라한 나'만 탓하고 있을 것이다.

어릴 적 우리 마을 부자는 왜 그렇게 열심히 일을 했을까?

노름꾼들은 그 부자가 돈만 안다고 비난했지만 사실은 자신들이 돈을 더 좇고 있다는 생각을 한 번이라도 했을까?

그들은 노동이 노름보다 더 즐겁다는 것을 경험해본 적도 없었을 것이다. 그들의 아이들은 '빈익빈 부익부' 때문에 아버지가 물려준 가난의 굴레를 벗어나기 어렵다는 생각으로 살고 있을지도 모른다. 정작 그들이 아버지로부터 물려받은 것은 가난의 굴레가 아니라 아버지의 '빈약한 정신'의 굴레였는데도….

요즘도 많은 사람들이 '경제적' 빈부격차를 걱정한다. 그러나 '정신적' 빈부격차나 '사랑'의 빈부격차를 걱정하는 사람들은 차츰 줄어간다. 왜 그럴까? 그것은 보이는 것만을 보려는 우리의 좁은 안목 때문이다.

'보이지 않는 것'을 보게 되면 '보이는 것'쯤이야 쉽게 얻어지는데도 우리는 굳이 '보이는 것'만을 보며 세상을 단정해버린다. 아내에게 자녀들에게 이웃에게 기쁨을 주고 사랑을 주는데 누가 그를 천하게 여기고 천하게 대우하겠는가?

정신이 건강할수록 사랑이 많을수록 남에게 더욱 베풀게 되고 그렇게 되면 남에게 인정받게 되어 결국 먹고사는 문제도 당연히 해결되는 것이 아닌가.

찢어지게 가난했던 고향 사람들이 오늘도 여기저기서 성공을 거두고 있다는 소식을 들으면 나는 사람의 정신이, 사람들에 대한 사랑이 우리 삶에서 얼마나 소중한 것인지를 새삼 깨닫는다.

스스로 찾아가는 돈과 영성

1 물질의 빈부격차는 어디서 온다고 생각하는가?

2 정신의 빈부격차를 줄이려면 어떻게 해야 하는가?

3 가난한 사람이 가난한 사람과 결혼하면 가난하게 사는가, 재벌이 재벌과 결혼하면 계속 재벌로 사는가?

4 그대가 돈을 잘 벌지 못하는 사람이라면 그것은 '빈익빈 부익부' 때문인가?

5 그대에게 어떤 보이지 않는 자산이 있는가? 그대가 가진 '보이는 자산'과 '보이지 않는 자산' 중 무엇이 더 귀한 것이라고 생각하는가?

돈, 왜 공부하지 않는가

돈이 뭔 줄 알아야!

돈을 모르면 돈 벌기도 몰라!

1   돈 버는 법을 알려면 맨 먼저 무엇을 배워야 할까? 그림을 잘 그리려면 그림이 뭔 줄 알아야 하듯이 돈 버는 법을 알려면 돈이 뭔 줄 알아야 한다.

2   세상에 돈을 모른다는 사람은 없을 것이다. 어린애조차도 돈을 알고 있다고 믿고 있다. 그러나 돈을 제대로 아는 사람이 얼마나 될까?

3   돈과 관련된 사실을 안다고 해서 돈을 아는 것은 아니다. 그림의 본질을 알아야 그림을 제대로 아는 것이듯 돈을 제대로 안다는 것은 '돈의 본질'을 아는 것이다.

4   돈의 본질은 가치이다. 돈을 안다는 것은 돈의 가치를 아는 것이다. 시계를 안다는 것은 시계의 겉모습이 아니라 시계의 가치를 아는 것이다. 10억의 가치가 어떤 것인지 제대로 알 때 비로소 10억을 아는 것이다.

5   가치는 사람에 따라 그 평가가 달라진다. 다이아몬드를 돌보다 하찮게 여기는 사람도 있고, 배우자보다 더 귀하게 여기는 사람도 있다.

6   가치의 유무, 가치의 크고 작음은 내가 어떤 가치관을 갖고 있느냐에 따라 달라진다. 그리고 내가 어떤 가치관을 갖고 있느냐는 가치의 평가자인 나를 제대로 알아야만 알아낼 수 있다.

7   가치는 내가 어떤 것에 대해 어떤 가치를 갖고 있는지 내 생각에 따라 결정된다. 돈의 가치도 내가 돈에 대해 어떤

생각을 갖고 있느냐에 따라 결정된다. 내 생각에 따라 돈의 가치가, 돈이 무엇인지 결정된다는 것이다.

8   사람들은 돈이건 다이아몬드건 사람들이 정해놓은 객관적 가치가 있다고 할 것이다. 그러나 실제로 돈이나 다이아몬드에 대한 가치가 사람마다 얼마나 다르던가. 다이아몬드가 무엇인지는 내가 다이아몬드에 대해 어떤 가치를 갖고 있느냐 하는 내 생각에 따라 결정된다.

9   어떤 사람은 돈 보기를 돌같이 하고 어떤 사람은 돈을 목숨보다 소중히 여긴다. 이렇게 사람마다 돈에 대한 가치가 다른데 그 가치의 평가자인 나를 제대로 모르고 돈에 대해 알려고 하는 것은 나무에서 물고기를 찾는 것이 아닐까.

10   나의 정체부터 알아야 나에게 돈이 무엇인지 알 수 있다. 나는 누구이고 나에게 무엇이 가치 있는지 알지 않고서 과연 돈의 정체를 알 수 있겠는가.

나의 가치, 돈의 가치

1   나의 직업도 나의 지위도, 나의 신체도 나의 미모도 내

가 아니다. 나는 누구인가? 내가 살아온 삶, 내가 살고 있는 삶, 내가 살아갈 삶이 나다. 결국 '나의 삶'이 '나'인 것이다. 그렇다면 그 삶의 핵심은 무엇일까?

2   나의 삶은 내가 어떤 생각을 하고 있느냐에 따라 결정된다. 그렇다면 '나 = 나의 삶 = 나의 생각'이라는 공식이 성립된다.

3   그런데 우리의 생각은 늘 가치의 선택과 관련되어 있다. 집에 있을 것이냐 밖에 나갈 것이냐는 집에 있는 것이 더 가치 있을지, 밖에 나가는 것이 더 가치 있을지 생각해본 후에 결정한다.

4   생각은 늘 가치를 품고 있다. 그래서 '나 = 나의 삶 = 나의 생각 = 나의 가치'일 것이다.

5   나의 가치가 바로 나요, 나의 생각이 바로 나며, 나의 삶이 나다. 나의 가치는 나의 가치관에 따라 결정된다. 내가 무엇을 가치 있게 여기느냐에 따라 내 생각이 달라지고 내 삶이 달라진다. 나는 내가 가치 있다고 생각하는 그 무엇일

것이다. 즉 내가 가치 있다고 생각하는 그 무엇이 내가 되는 것이다.

6   세계 최고의 피겨스케이팅 선수가 되려는 사람은 스케이팅 실력이 가치일 것이다. 정상의 권력을 쥐려는 자는 권력이야말로 가치일 것이다. 돈을 많이 벌어야만 만족하는 자는 돈이 가치일 것이다.

7   그러나 권력을 쥐려는 자, 부자가 되려는 자에게 스케이팅은 그렇게 가치 있어 보이지 않을 것이다. 이렇듯 객관적으로 인정받는 가치도 사람에 따라 그 가치의 높낮이가 달라진다.

8   내가 권력이나 명예, 미모나 사랑, 선함이나 진실 등에 대하여 각각 얼마나 가치 있게 여기느냐에 따라 나의 가치는 결정된다. 권력을 추구하는 사람은 그만큼의 가치가, 진실을 추구하는 사람은 그만큼의 가치가 있다.

9   결국 나는 나의 생각, 나의 가치관에 따라 결정된 '나'라는 사람의 값어치 그 이상도 이하도 아닌 그 자체일 것이

다. 나의 생각에 따라 내게 매겨진 나의 가치가 바로 나인 것이다.

10   세상 만물의 가치가 그러하듯이 나의 가치도, 돈의 가치도 나의 생각에 따라 높낮이가 결정된다. 그래서 내가 무엇을 가치 있게 보느냐에 따라 나의 가치도, 돈의 가치도 달라질 것이다.

그대, 돈을 안다고?

1   돈을 안다는 사람은 많아도 돈이 무엇이냐고 물으면 선뜻 대답하지 못한다. 돈이 무엇인지도 모르면서 돈을 벌 수 있겠는가? 돈을 벌려고 하면 돈이 무엇인지부터 알아야 한다. 예수에게 가까이 가려면 먼저 예수에 대해 알아야 하듯이.

2   돈이 무엇이냐고 물으면 사람들은 뭐라고 대답할까? 어떤 사람은 돈을 행복의 원천이라 하고 어떤 사람은 불행의 씨앗이라고 한다. 또 어떤 이는 돈을 주인처럼 모시고 살고 어떤 사람은 돈을 종처럼 부리며 산다. 어떤 사람은 돈을 돌같이 여기라 하고 어떤 사람은 돈이야말로 세상에서 가장 귀

한 것이라고 한다.

3   사람들은 사람들이 정해놓은 객관적 가치가 돈이라고 믿고 산다. 과연 누가 1억의 가치를 정했다는 말인가? 1억의 객관적 가치를 정하기 위해 모든 사람들이 모여 토론을 한 적이 있는가. 1억의 가치는 사람마다 주관적으로 다른 것이 진실일진대 왜 우리는 그 1억이 객관적인 가치라고만 생각하는 것일까.

4   물론 돈은 객관적 가치도 갖고 있다. 1억을 벌려면 연봉 1억의 사람은 1년이 걸릴 것이고, 1억으로 1억짜리 집을 살 수 있다는 것은 너무나 자명하다. 그러나 1억을 버는 데 한 달이 걸리는 사람도 있고, 10년이 걸리는 사람도 있으며 1억짜리 집을 1천만 원에 사라고 해도 사지 않는 사람이 있다.

5   돈은 객관적 가치도 갖고 있지만 오히려 주관적 가치를 더 많이 갖고 있다는 사실을 간과한다면 돈의 한쪽 면만 보고 있는 것이다. 돈 벌기가 어려운 것도 돈의 주관적 가치는 보지 않고 돈의 객관적 가치만 보고 있어서 돈을 제대로 알지 못하기 때문은 아닐까.

6   "돈으로 살 수 없는 것도 있다."거나 "돈이 전부는 아니지만 돈 없이 행복하기는 힘들다."고 하는 것을 보면 사람마다 돈에 대한 생각이 다르다는 것을 알 수 있다. 이것은 돈을 객관적 가치로만 보는 것이 얼마나 불완전한 것인지 단적으로 보여주는 것이다.

7   그런데도 사람들은 돈을 '가치의 척도'라느니 '교환가치'라느니 하며 객관적으로만 정의한다. 그러나 이 정의가 맞는 것일까?

8   "사람들이 나를 누구라고 하느냐?" 예수가 묻자 제자들이 대답했다. "세례자 요한이라고 합니다. 그러나 어떤 이들은 엘리야라 하고, 또 어떤 이들은 예언자 가운데 한 분이라고 합니다." 예수가 다시 "그러면 너희는 나를 누구라고 하느냐?"고 묻자, 베드로가 "스승님은 그리스도이십니다." 하고 대답한다.

9   예수가 누구인지 객관적으로 정의 내릴 수 없는 것처럼 돈의 가치도 객관적으로 정의할 수 없다고 보는 것이 맞지 않을까.

10   예수가 나에게 누구이고 어떤 가치가 있는지는 나의 생각에 달려있듯 돈의 가치도 나의 생각에 달려있는 것이 아닐까. 예수에 대한 나의 주관적 가치를 놓치면 예수를 느낄 수 없고 예수와 가까이 지낼 수 없듯 돈에 대한 나의 주관적 가치를 놓치면 돈을 알 수 없고 돈과 가까워질 수도 없다.

11   돈을 안다는 것은 내가 무엇을 가치 있게 여기느냐, 즉 나의 주관적 가치를 아는 것이고, 나의 가치를 안다는 것은 나를 아는 것이다. 결국 나를 알아야 돈을 아는 것이다.

돈, 제대로 알아야

1   공기는 이 세상에서 가장 귀한 인간의 생명을 유지하는 데 중요한 역할을 한다. 말하자면 공기는 정말 높은 가치를 갖고 있는데도 사람들은 공기를 거저 얻는다. 다이아몬드는 먹을 수도 없고 입을 수도 없으며 그 위에서 잘 수도 없는 어쩌면 가치 없는 것이지만 그 가격은 무척 비싸다. 이걸 보면 돈을 가치의 척도라고 부르는 것에도 문제가 있다.

2   다이아몬드의 가치가 높다는 것은 사치품을 좋아하는 사람들 사이에서나 통용되는 지극히 상대적이며 주관적인

가치평가일 뿐이다. 그런데도 사람들이 돈을 객관적 가치의 척도라고 하는 것은 무엇 때문일까?

3   그것은 세상 만물을 돈의 크기로 평가하고자 하는 습성에서 기인하는 것이다. 세상 만물의 가치를 돈의 양으로 대체해버리고 돈의 양에 따라 가치가 정해진다고 믿어왔다. 이 얼마나 그릇된 생각인가?

4   사람들은 대부분 돈을 모른다. 이것이 진실이다. 돈을 모르면서 돈을 안다고 생각하는 사람들이 돈과 친해질 수 있겠는가? 돈을 벌 수 있겠는가? 돈을 잘 사용할 수 있겠는가?

5   돈이 무엇인지는 내 가치관에 따라 그 답이 달라진다. 내가 돈을 무엇으로 보느냐에 따라 돈이 무엇인지 알 수 있다는 것이다. 내가 예수를 어떻게 보느냐에 따라 예수가 달라지듯이….

6   예수가 누구인지 제대로 모르면 예수는 사기꾼이기도 하고, 사형수이기도 하고, 죽은 자이기도 하다. 그러나 예수를 제대로 알면 예수를 그리스도로 모시며 예수와 함께 걷고

이야기하고 식사도 하고 싶어 한다.

7   돈도 마찬가지다. 내가 사람들이 말하는 대로 돈을 '객
관적 가치의 척도'로만 알면, 돈만 많으면 모든 가치를 가질
수 있다고 믿을 것이다. 그렇다면 돈의 주인이어야 할 '나'까
지도 돈이 마음대로 할 수 있는 존재로 전락하고 만다. 그런
어리석은 생각이야말로 나를 파멸로 이끄는 불행의 씨앗이
될 수 있다.

8   내가 돈의 가치를 결정하는 돈의 주인이라는 사실을
확신할 때 돈을 제대로 아는 것이다. 그런 확신을 갖는다면
돈에 관한 한 나는 '나'를 알고 있는 것이며 내가 나의 가치를
결정하고, 결국 '돈의 가치'도 '돈'도 내 생각에 따라 좌우된다
는 믿음을 갖게 된다.

9   '돈'을 내 마음대로 조종할 수 있는 존재로 '생각의 틀'
을 바꿀 때에야 비로소 내가 돈을 제대로 아는 것이다.

최고의 변론

"그런데 변호사님은 충분히 승산 있는 소송을 포기하라니요."

변호사로 활동했던 30여 년 동안 나는 수많은 사건을 맡았다. 강간치상범으로 몰려 억울하게 감옥살이하던 청년을 무죄로 석방시켰을 때는 내 변호 실력에 나도 놀랐다.

마약사범으로 몰려 무기징역을 선고받고 절망에 빠져있던 필리핀 여성의 항소심 변론을 맡아 무죄 선고를 받아내기도 했다. 무사히 필리핀으로 돌아간 그녀로부터 갓난아기에게 젖을 주고 있다는 눈물로 쓴 편지를 받았을 때는 내가 정말 보람 있는 삶을 살고 있다는 생각도 들었다. 국가로부터 부당하게 징수당한 거액의 세금을 돌려받아 의뢰인에게 송금할 때는 희열도 맛보았다. 거짓을 늘어놓는 상대방의 모순을 파고들어 승소할 때는 스릴을 만끽하기도 했다.

한번은 한 여성이 사촌에게 빌려준 돈을 받으러 갔는데 상대방이 문도 열어주지 않고 오히려 주거침입죄로 고소까지 했다는 것이었다. 재판정에서도 그는 요리조리 거짓말을 했다. 나는 그가 빼돌린 재산을 찾아내며 빈틈없이 변론해나갔다. 소송이 진행될수록 그 스스로도 거짓이 들통나는 걸 느끼는 것 같았다.

어느 날 그가 나를 찾아와 다른 소송사건의 서류를 내놓으며 변론을 맡아달라고 했다. 나를 그의 편으로 끌어들이려는 간교한 의도가 보였다. "당신, 그렇게 살면 죽어요!" 그는 내 큰 소리에 주섬주섬 서류를 챙겨 사무실을 빠져나갔다. 마침내 나는 그 소송에서 승소하고 이자며 소송비용까지 모두 받아냈다.

얼마 후 법정에서 다른 재판을 기다리는데 판사가 귀에 익숙한 이름을 불렀다. 바로 그 사람 이름이었다. 그런데 그가 아닌 나이 든 여인이 판사 앞으로 나가더니 아내라면서 그가 죽었다는 것이었다. 내게 맡아달라고 했던 바로 그 사건이었다. 나는 가슴이 철렁했다. 마치 내가 그를 죽음으로 몰아간 것 같았다. 나는 숨을 죽이고 그 소송을 지켜보았다. 부인도 남편처럼 거짓을 주장하는 듯했다.

그날 법정을 나서면서 나는 많은 생각을 하게 되었다. 나는 거짓과 불의를 물리친 훌륭한 변호사인 것 같지만 과연 인간으로서의 도리를 다했을까. 그가 내 사무실에 찾아왔을 때 화를 내기보다 화해하라고 간곡히 얘기했더라면, 이미 거짓이 탄로 나고 있음을 느끼던 그도 내 제의에 응했을 텐데… 그랬더라면 두 사람은 관계도 회복하고 그도 계속 마음 졸이며 살지 않았을지도 모른다.

그 후 나는 민사소송을 맡을 때면 마음이 편치 않았다. 소송에서 이긴다고 해서 그것이 누구에게 진정 도움이 될 것인가 하는 생각 때문이었다.

그즈음 사무실 직원이 단골 헤어샵이 있다고 하여 갔는데 여기저기 멋쟁이 여인들이 머리를 하고 있었다. 촌스러운 몸짓으로 어색하게 의자에 앉았더니 대표인 헤어스타일리스트가 내 머리를 만져주었다. 그와 이야기를 나눠보니 유명 연예인들의 헤어스타일을 관리해주는 소문난 사람답지 않게 소박하고 솔직했다. 나는 그가 맘에 들어 금세 친해졌다.

2, 3년쯤 지나 그가 소송할 일이 생겼다며 나를 찾아왔다. 친구와 반반씩 투자하여 청담동에 그 헤어샵을 냈는데 친구가 운영권을 전부 내놓으라고 한다는 것이었다. 그의 도장을 임의로 가져가 사업자 등록을 친구 이름으로 해놓고 권리를 주장한다고 했다.

나도 그 친구의 배신적 행위에 부글부글 화가 끓어올랐다. 반반씩 투자한 증거도 있고 물건을 사는 데 필요하다며 도장을 가져간 걸 본 증인도 있고, 그간 헤어샵 운영이며 관리며 고객모집까지 거의 모든 일을 그가 해온 데다 이익금도 반반씩 나눈 명확한 증거도 있어 승소할 가능성이 커 보였다.

그러나 나는 소송으로 인해 그에게 닥쳐올 피해를 생각해 보았다. 잘잘못을 떠나 동업하던 친구와 소송을 한다고 하면, 이해타산에 밝지 않은 그의 순수한 이미지도 깨지지 않겠는가. 몇 년간 소송에 시달리다 보면 헤어디자인 본업에도 전념할 수 없지 않은가. 소송에서 이기더라도 잃는 게 더 많겠다는 생각이 들었다. 하지만 몇 년간 정성을 들여온 그 멋스러운 헤어샵을 빤히 눈 뜨고 포기하라고 하면 그가 너무나 억울해할 것 같았다.

변호사를 하면서 의뢰인의 편을 들어주지 않으면 몹시 섭섭해하거나 나까지 적대시하며 화를 내는 경우를 수없이 당해본 나로서는 입이 떨어지지 않았다.

나는 그를 설득하기로 마음먹었다. 친구는 기술이 없지만 당신은 누구도 따라갈 수 없는 아이디어와 손재주가 있지 않느냐. 몇 년간 소송에 시달리다 보면 마음도 피폐해지고 고객도 떨어져 나가 헤어샵을 잃는 것보다 훨씬 더 큰 손해일 것 같다. 승소할 가능성은 높아 보이지만 소송을 하지 말자고. 그는 의외라는 듯 당황하더니 고개를 숙이며 생각에 잠겼다가 조용히 말문을 열었다.

"이 문제로 수없이 상의했는데 모두 소송을 하라고 했습니다. 그런데 변호사님은 충분히 승산 있는 소송을 포기하라니요." 그의 공격이 시작되는 것 같아 긴장이 되었다. 나는 앞으로 헤어샵은 다시 낼 수 있지 않느냐. 돈을 잃는 것은 작은 손해지만 고객을 잃어버리면 정말 큰 손해가 아니냐며 그를 살폈다. 그는 한참 고민하더니 새로운 길을 걸어보겠다며 힘없이 내 사무실을 나섰다.

그가 떠난 후 그에게 미안한 마음이 들었다. 나는 창밖을 바라보며 나라면 포기할 수 있을까 생각해보았다. 그러나 소송을 하지 않는 것이 그에게 오히려 이득이라는 생각에는 변함이 없어 뿌듯함도 있었다.

얼마 후 그에게서 전화가 왔다. 헤어샵을 친구에게 완전히 넘겨주고 빈손으로 나와 그간 가까이해온 유명 디자이너들과의 패션쇼와 후배들 교육에만 전념했더니 마음도 편안하고 오히려 수입도 괜찮다며 정말 감사하다는 것이었다.

요즘 나는 세상 사람들의 떠들썩한 말보다 진리를 찾아가는 삶에 돌아오는 상이 얼마나 크나큰 지 느끼게 된다. 30여 년의 변호사 생활에서 내 최고의 변론은 살인죄의 누명을 벗겨 무죄선고를 받게 한 것도, 복잡한 사건의 실타래를 풀어내 거액의 배상금을 받아낸 것도 아니다.

승소할 수 있음에도 재산을 찾아주지는 않고 포기하라고 한 나의 진심을 알아듣고 세상의 옳고 그름보다 진리를 따르는 한 사람을 만나 서로 기쁨의 축배를 만들어낸 이 사건이 내 인생 최고의 변론이 아닐까.

스스로 찾아가는 돈과 영성

1 헤어스타일리스트가 돈보다 더 중요하게 생각했던 것은 무엇일까?

2 헤어스타일리스트처럼 그대가 선택한 가치 때문에 그대의 삶이 달라진 경우가 있는가?

3 그대가 생각하는 돈의 '주관적 가치'는 무엇인가?

4 '돈'을 마음대로 조종할 수 없었다면 그 이유는 무엇 때문인가?

5 지금 이 순간 '돈'은 그대가 마음대로 조종하는 것이라고 생각한다면 그런 경험이 있었는지 떠올려 보라. 만약 그런 경험이 없었다면 앞으로 어떤 경우에 그런 경험을 맛볼 것인지 상상해 보라.

돈 버는 법, 어떻게 배우나!

돈 버는 책, 그 한계

1   돈의 주관적 가치를 받아들일 때 우리는 돈을 배우는 시작점에 선다. 그때 비로소 우리는 돈을, 돈 버는 법을 배우려고 한다. 내가 바뀌어야 돈도 보이기 시작할 테니까 그런 책을 읽으려는 것은 권장할 만한 일이다.

2   서점에 가 보면 돈 버는 법에 관해 쓴 책이 너무도 많다. 그런데 그 돈 버는 법에 관한 책들은 한결같이 돈을 객관

화하고 있다. 돈의 주관적 가치를 간과한 그 책들이 과연 우리에게 돈이 무엇인지 제대로 알려줄 수 있겠는가.

3   돈에 대해 머리로 쓴 책은 아무리 많이 읽어도 돈을 제대로 알 수 없다. 오히려 '돈은 객관적 가치'라는 주장만 내 머릿속에 더 깊이 각인시킬 것이다. 돈의 한쪽 면만 보게 함으로써 돈의 본질과 더욱 멀어지게 한다. 그래서 돈에 대한 내 생각을 근본적으로 바꾸는 걸 방해할 뿐이다.

4   요즘 성공하는 법에 관한 책이 쏟아져 나오고 있다. 그런데 아이러니하게도 성공한 사람이 쓴 게 아니라 누군가 대신 쓴 것이 대부분이다. 위인전 역시 위인들이 직접 쓴 것이 아니라 후세가 그 위인을 그려낸 것처럼. 우리는 자신의 생각을 글로 온전히 표현해내기가 얼마나 힘든지 잘 알고 있다. 그런데 제3자가 어떤 사람이 어떻게 성공하였는지 쓴 책이 과연 얼마나 정확한 진실을 담고 있을까.

5   돈 버는 법에 관한 책을 아무리 읽어도 돈을 벌 수 없는 이유는 돈을 벌어보지 않은 사람이 쓴 책을 읽었기 때문이다. 돈을 벌어보지 않은 사람은 사람들이 그럴듯하다고 여

길 만한 방법을 머리로 짜내어 논리에 맞게 구성할 수밖에 없다.

6   돈 버는 법은 머리가 아니라 가슴에 새겨야 비로소 내 것이 된다. 그런데 돈을 벌어보지 않은 사람이 쓴 책에서 가슴에 새길만한 내용을 얻을 수 있을까? 돈을 벌어본 사람도 자신이 어떻게 돈을 벌게 되었는지 제대로 파악하고 표현하는 것이 쉽지 않다. 그런데 돈도 벌어보지 않은 사람이 돈 버는 법을 올바로 쓸 수 있겠는가.

7   수학을 풀어본 적이 없는 사람이 수학책을 썼다고 생각해 보라! 수학을 풀어보지 않은 사람, 잘 풀 수 없는 사람이 쓴 수학책을 읽고 수학을 잘 풀 수 있을까? 수학을 잘 풀려면 수학을 잘 풀 수 있는 사람이 쓴 수학책을 읽어야만 한다. 돈벌이도 돈을 벌어본 사람, 돈을 잘 벌고 있는 사람이 쓴 책을 읽어야 돈을 벌 수 있게 된다.

8   그런데 거부들은 책을 잘 쓰지 않는다. 왜냐하면 돈벌기의 진실에 대해 말하더라도 사람들은 자기의 경험과 다른 의견을 받아들이지 않고 듣고 싶은 것만 들으려 한다는

것을 알기 때문이다.

9   어떤 거부가 돈 벌기는 쉽더라고 진실하게 쓰면 아마 사람들은 수없이 비난을 쏟아낼 것이다. 그렇지 않아도 세상 사람들은 부자에 대한 적대감을 '정의'라고 여기는 판에 그 비난을 감당하려는 부자가 있겠는가.

10   설사 부자들이 책을 쓴다 하더라도 사람들의 입맛에 맞추려다 보면 오히려 돈 버는 법과는 거리가 먼 책이 될 수밖에 없다. 그런 책을 읽어봐야 돈 버는 데 아무런 도움이 안 될 것이다.

머리로 아는 돈 벌기 원칙은

1   무엇을 머리로 아는 것은 정녕 아는 것이 아니다. 돈 버는 원칙도 머리로 아는 것은 모르는 것과 마찬가지다. 무엇을 안다는 것은 그것을 실제로 살아내 내 것이 됐을 때 비로소 산지식이 되는 것이다. 돈 버는 원칙도 그 원칙대로 살면서 돈도 벌었을 때 비로소 안다고 할 수 있다.

2   신앙을 안다는 것은 신앙 지식을 아는 것이 아니라 신

앙대로 살아가면서 그 신앙이 내 것으로 체화될 때 비로소 신앙을 안다고 할 수 있듯이 돈 버는 원칙도 마찬가지다.

3   수학 공식이나 영어단어가 시험 보기 위한 지식일 경우에는 머리로만 알아도 되지만, 수학을 생활에 적용하거나 외국인과 영어로 대화해야 할 때는 머리로 아는 지식만으로는 활용이 어려워 제대로 안다고 할 수 없다. 마찬가지로 돈 버는 법도 내 삶에 들어오지 않으면 안다고 할 수 없다.

4   돈 버는 법이 진짜 내 삶에 들어오려면 먼저 '돈 버는 법대로 하기만 하면 돈은 얼마든지 벌 수 있다'는 확신을 갖는 것이다.

5   "돈을 좇으면 돈을 벌지 못한다."고 말하는 사람들이 세상에는 넘쳐난다. 그런데 그렇게 잘 알면서도 돈을 좇으며 사는 사람들이 넘쳐나는 것은 또 얼마나 이상한 일인가.

6   돈을 좇으면 돈을 벌지 못한다는 사실을 머리로만 알지 실제로 그렇게 살아보지 않아서 그저 그럴 거라고 생각만 하고 확신하지 못하기 때문이다. 이것은 돈 버는 원칙을 정

녕 아는 것이 아니다.

나를 기다리는 돈 벌기 스승들

1   탁구를 잘 치려면 훌륭한 코치를 만나야 하듯이 돈을 버는데도 훌륭한 코치가 필요하다. 훌륭한 탁구 코치가 가르치는 대로 따라서 하면 탁구를 쉽게 배울 수 있다. 마찬가지로 돈 버는 법을 잘 가르치는 코치를 만나면 돈벌이도 쉽게 배울 수 있다.

2   사람들은 건물을 가진 사람을 만나면 대부분 건물을 얼마에 샀고 얼마나 올랐는지 묻는다. 그러나 그가 어떻게 하여 그 건물을 사게 되었는지, 왜 샀는지에 대해서는 관심이 없다. 건물주에게는 그 건물을 어떻게 사게 되었는지가 가장 흥미진진하고 중요한 이야기인데 사람들은 얼마에 사서 얼마로 올랐는지 이득의 크기에만 관심을 갖는다.

3   건물주가 얼마나 이득을 얻었는지 아는 것이 사람들에게 무슨 도움이 될까? 그런데 건물주를 만나 그의 이득을 알게 된 사람은 다른 사람을 만나면 그 건물주가 얼마나 벌었다는 것을 전하고, 그 다른 사람은 또 다른 사람에게 그것

을 전한다.

4   건물주가 그 건물을 어떻게 사게 되었는지 잘 들어보면 어떤 일이 벌어질까? 건물을 사는 방법을 알게 될 것이다. 은행을 이용하는 방법, 거래 과정의 뒷이야기, 매도인의 심리와 매수인의 심리, 매매금액이 조정되는 원리, 건물을 임대하는 과정, 경제 상황의 변동에 따른 리스크 관리 등 수많은 이야기를 생생하게 알 수 있다. 그 어떤 경제학 교과서보다 살아있는 돈벌이를 가르쳐주는 것이다. 그런데 우리는 왜 이런 것에는 관심을 두지 않고 그가 얼마나 이득을 보았는지에만 관심을 두는 것일까.

5   어떤 부자가 돈을 많이 벌었다고 하면 그것은 배가 아픈 일일 뿐이라서 우리 삶에 오히려 해만 끼칠 것이다. 그런데도 우리는 남들이 얼마나 이득을 보았는지에만 관심을 쏟는다. 남이 얼마나 이득을 보았는지에 관심을 두는 사람이 돈을 잘 벌 수 있을까?

6   돈벌이를 잘 가르칠 수 있는 사람들은 우리 주위에 너무나 많다. 돈을 벌어본 사람도 많기 때문이다. 그러나 우리

는 돈벌이의 코치를 만나도 그 코치가 가르쳐주려고 하는 것은 듣지 않고, 내가 듣고 싶은 것만 들으려 한다. 그가 얼마나 이득을 보았는지 그 숫자만 궁금해하는 것이다. 그러니 수많은 훌륭한 코치들이 주위에 있어도 우리는 그 어떤 코치도 못 받고 놓치고 만다.

음악도 탁구도 돈 벌기도

돈 벌기가 어려운 게 아니라, 정직하면 나만 손해 본다는
세상의 논리에서 벗어나는 것이 어려운 게 아닐까?

어린 시절 왜 그렇게 어려운 것이 많던지… 그림을 잘 그려
보고 싶어 열심히 그려도 무얼 그렸는지 알 수 없었다. 음악
시간에는 박자 맞춰 손뼉 치는 것도 틀리기 일쑤여서 친구들
에게 들킬까 봐 조마조마했다. 누가 멋지게 노래 부르면 조
심스럽게 따라 부르다 놀림감이 되기도 했다.

운동회 때는 아무리 열심히 달려도 꼴찌 아니면 꼴찌 바로
앞이었다. 축구장에서는 우리 편 골문 앞에 서성거리다 어쩌
다 날아오는 공을 용케 받으면 신이 나서 멀리 패스해주려다

상대편에게 빼앗겨 골을 넣게 만드는 바람에 눈치 보기 일쑤였다. 글이라도 잘 써보고 싶었다. 그런데 노트만 펼치면 무엇부터 써야 할지 도통 생각이 나지 않아 그만두곤 했다. 아버지는 내가 공부를 잘한다고 사람들에게 자랑하곤 했지만 그럴수록 나는 공부 외에는 할 줄 아는 게 하나도 없다는 열패감이 커갔다.

그런데 더 큰 문제가 나를 기다리고 있었다. 대학에 들어가자 나와는 비교할 수 없이 훨씬 공부 잘하는 친구들이 수두룩했다. 그나마 공부마저도 남보다 잘하는 게 아니라는 사실을 알게 된 것이다. 그렇다고 인물이 훤칠한 것도 아니고 말솜씨가 좋은 것도 아니었다. 서울에서 가진 것이라곤 코딱지만 한 전세방 한 칸. 가진 것이 너무나 없었다.

법학 서적은 왜 그렇게 어려운지… 무슨 말인지도 모르고 외워야만 하는 공부는 나를 늘 지치게 했다. 몇 번 읽고서 이해되는 듯해 넘어가지만 며칠 후 다시 읽으면 또다시 늪을 헤매는 것 같았다. 내심 의지했던 공부 실력도 그러니 앞으로 먹고살 일이 아득했다.

어머니는 내가 요령이 없다며 걱정이 많았다. 돌아갈 줄도 알아야 하는데 무엇이든 곧이곧대로만 하고 감정도 숨기지 못하는 내 성품을 염려했다. 그런데 나는 공부든 돈벌이든 돌아가는 방법을 택하고 싶지 않았다.

고시를 준비할 때도 시험 점수 올리는 공부에 집중해야 빨리 합격하는데도 나는 교과서에 나오는 문장 하나라도 이해가 안 되면 이해할 때까지 파고들다가 정작 시험에 필요한 공부는 놓치고 말았다.

변호사가 되고서도 그런 습관은 바뀌지 않았다. 손님이 찾아오면 사건을 맡길 사람이든 아니든 그의 답답함이 풀릴 때까지 몇 시간이고 상담해주곤 했다. 그래도 손님들은 내가 담당 판검사와 잘 아는 사이인지에만 관심을 쏟았다. 나는 그런 건 중요하지 않고 사건의 해결방안을 법률적으로 찾는 게 더 중요하다고 목이 아프도록 설득하곤 했다. 그러면 고객들은 "참 세상 물정 모르시는군." 하며 사무실 문을 거칠게 닫고 나갔다. 그런데 그런 나의 요령 없는 태도가 세상을 살아가는 데 큰 힘이 될 줄이야….

이해될 때까지 파고들었던 법 이론들이 변론을 준비할 때마다 사건을 풀어가는 데 큰 힘이 되어주는 것을 수없이 경험했다. 허탈감만 남겨주고 떠나버렸던 고객들도 변호사를 찾아다니다 나처럼 집요하게 답답함을 풀어주려는 모습이 안 보였던지 얼마 후 다시 찾아와 사건을 맡기곤 했다.

요령 있게 공부한 사람들은 법조인이 되어서도 요령을 부리는 것 같았다. 시험에 빨리 합격하고 법조 경력도 화려한 후배 한 명은 변호사 개업 후 브로커도 고용하고 거액의 수임료도 받는다는 소문이 들려 와 큰돈을 버는 줄 알았는데 신용불량자가 되었다는 이야기가 들려왔다. 지름길이 빠른 것 같지만 시간을 두고 보면 그렇지도 않은 것이 분명했다.

나는 요즘 탁구를 배운다. 어느 날 대학 동기 경민이가 건강에 아주 좋은 운동을 가르쳐주겠다고 했다. 탁구 스윙의 기본자세만 1년도 넘게 가르치더니 2년째가 되어서야 드라이브를 가르치고 3년째인 요즈음에야 백스윙으로 넘어갔다.

아직도 수년은 더 배워야 탁구를 제대로 칠 수 있다는 것이다. 그런데 놀랍게도 최근 내 빠른 공만큼은 그도 받아내지 못할 정도로 막상막하로 치게 되었다. 수없이 반복시켰던 그의 훈련이 나를 스승과 대등한 실력으로 만들어놓은 것이다.

어릴 때 축구를 배우지도 않고 무조건 공만 차려고 덤볐다는 생각이 들었다. 탁구를 배우듯 축구도 차근차근 공 차는 법부터 배웠어야 했다. 누가 노래를 멋지게 부르면 나는 몇 번 듣지도, 혼자 연습해보지도 않고 그 사람처럼 부르려고 했으니….

탁구를 통해 나는 수많은 것을 배우고 있다. 운동에 소질이 없는 줄 알았던 내가 친구로부터 "학이 너 운동신경이 참 좋다." "탁구선수 폼보다 멋있어." 하는 말까지 들을 때면 많은 생각을 하게 된다.

근래 나는 내 글이 재미있다는 이야기를 종종 듣는다. 그렇게 소질 없는 줄 알았던 글쓰기도 '사람들에게 정녕 필요한 것은 무엇일까' 깊이깊이 생각하다 보면 무엇을 어떻게 써야 할지 떠올라 신나게 글을 쓴다. 그런데 어릴 때에는 생각은 하지 않고 글쓰기는 어렵다는 생각만 갖고 글을 쓰려고 했으니 글쓰기가 어려울 수밖에 없었을 것이다.

요즘 만나는 사람마다 돈 벌기가 가장 어렵다고 말한다. '수학은 어렵다'고 생각하는 사람이 수학을 잘할 수 없듯이 '돈 벌기가 어렵다'고 생각하는 사람은 당연히 돈 벌기가 어려울 수밖에 없을 것이다.

좁다란 골목길에서 아주 작은 빵집을 하는 사람이 있다. 건강한 식재료만 사용한다는 소문을 듣고 찾아갔다. 그 좁은 빵집에 손님들이 줄을 서서 빵을 사고 있었다.

내 차례가 되었지만 사려던 빵은 다 팔려서 못 사고 남아 있는 빵 몇 개를 샀다. 맛이 궁금해 입에 넣었더니 식감이 깨끗해 기분이 좋았다. 자주 들르다 보니 그와 이야기도 나누는 사이가 되었다.

그는 어려운 집안에서 자랐지만 돈 버는 법을 알고 나니 돈 벌기처럼 쉬운 것은 없더라고 했다. 돈 벌기가 어려운 것이 아니라 요령 부리지 않겠다는 마음을 먹는 것이 어렵더라고 했다. 더 싼 재료를 사용하고 싶은 마음, 더 수월한 방법으로 빵을 만들려는 마음이 생길 때가 힘들다고. 사람들은 돈 벌기가 진짜로 어려운지 쉬운지도 모르면서 스스로 어렵다고 믿고 있으니 그런 믿음을 가진 사람들에게는 그 믿음대로 되는 게 당연하지 않느냐고 했다.

나도 그의 말에 공감이 갔다. 돈 벌기가 어려운 게 아니라, 정직하면 나만 손해 본다는, 내 이익부터 챙겨야 된다는 세상의 논리에서 벗어나는 것이 어려운 게 아닐까?

요즘 나는 글을 쓰고 책 디자인의 방향을 정하고 아름다운 음악에 우리말 가사를 붙이며 즐겁게 탁구를 친다. 어린 시절 내가 그렇게 못했던 것들을 잘 해낼 수 있다는 자부심을 갖게 된 것도 무엇이건 바른길로 가면 늦더라도 반드시 이루어진다는 하늘과 땅의 큰 법칙을 가슴속에 굳게 간직하고 있기 때문이다.

돈 벌기가 어렵다, 취직이 어렵다, 공부가 어렵다는 말만 무성한 오늘이다. 그러나 정작 어려운 것은 '옳은 길만 가면 늦더라도 무엇이건 이루어진다'는 확고한 믿음을 갖는 것이 아닐까.

스스로 찾아가는 돈과 영성

1 그대 주위에는 어떤 어떤 돈 벌기 스승들이 있는지 떠올려 보라.

2 그동안 돈 벌기 스승들을 만나면 그대는 무슨 이야기만 듣고 싶어 했는가?

3 머리로만 아는 돈 벌기 지식이 아니라, 실제로 그대가 실천해서 돈을 벌어본 살아있는 돈 벌기 방법은 무엇이었는가?

4 돈 벌기에 대한 사람들의 생각과 달리 나만의 '돈 버는 방법'이 있는가?

5 앞으로 '돈 벌기 스승'들을 어떻게 만날 것인지 생각해 보라. 그리고 그들을 만나면 무슨 이야기를 듣고 싶은가?

돈 버는 원칙

돈 벌기 제1원칙

돈 그릇을 키워라!

작은 돈 그릇에 큰 돈이 담길까?

1   사람마다 돈 그릇이 다르다고 한다. 과연 '돈 그릇'이란 무엇일까? 돈은 가치를 담고 있기에 돈 그릇은 가치의 그릇이다.

2   그래서 큰 그릇에는 큰 가치가 담기지만 작은 그릇에는 큰 가치가 담길 수 없다. 마찬가지로 가치가 높은 그릇에는 높은 가치가 담기지만 가치가 낮은 그릇에는 높은 가치가

담길 수 없을 것이다.

3   세상 만물은 더 높은 가치를 가진 존재가 되기를 바라고 자신보다 더 크고 높은 가치를 가진 존재를 따르려 한다. 그래서 돈도 돈보다 더 크고 높은 가치를 가진 사람을 따르려 한다.

4   사람에게 있어서 돈보다 더 높은 가치는 무엇일까? 돈으로 육체와 욕망을 지배할 수는 있어도 영혼까지 지배할 수는 없다. 그것은 영혼이 돈과는 비교할 수 없이 높은 가치를 지녔기 때문이다.

5   그런데 우리는 돈을 많이 벌어야 잘 먹고 잘 입을 수 있다며, 돈을 육체적 욕망을 충족하기 위한 수단으로 취급한다. 돈도 자신을 낮은 가치에만 사용하려는 사람을 따라다니고 싶겠는가.

6   그릇이 작으면 음식을 조금밖에 담을 수 없듯이 가치의 그릇이 작으면 돈 그릇이 작아서 적은 돈밖에 담지 못한다. 그런데 돈을 많이 벌고 싶은 사람은 많지만 돈 그릇을 키

울 생각을 하는 사람은 드물다.

7   돈 그릇이 작은 사람들은 '돈 그릇을 키운다고 돈이 들어오겠냐'며 비웃는다. 돈을 좇아가도 돈 벌기가 어려운데 돈이 저절로 따라오겠느냐고 반문할 것이다.

8   당신은 물건을 살 때 돈 그릇이 작은 사람의 가게에서 사겠는가, 돈 그릇이 넉넉한 사람의 가게에서 사겠는가? 돈도 마찬가지다. 돈 그릇이 작은 사람들만 있는 세상에서 돈 그릇이 큰 사람을 만난다면 어떻게 될까? 돈 역시 큰 그릇에 담기고 싶어 할 것은 너무도 당연하다.

9   그러면 그들은 항변할 것이다. 어떤 사람의 돈 그릇이 큰지 어떻게 알 수 있냐고. 물론 사람의 그릇 크기를 이론으로 설명하기란 쉽지 않다. 그러나 우리 모두는 알고 있다. 사람마다 공부의 그릇, 눈치의 그릇, 유머의 그릇, 인내의 그릇, 모두 그 크기가 다르다는 것을.

10   사람들은 돈 그릇도 누구의 것이 더 큰지 본능적으로 알아차린다. 그런데도 그런 항변을 하는 것은 자신을 속이고

있는 건 아닐까. 그래서 돈을 벌려면 돈 그릇을 키우는 것이 무엇보다 중요한 핵심일 것이다.

무엇이 돈 그릇을 키우는가?

1   우리는 돈 그릇을 그 사람이 가질 수 있는 돈의 양에 따라 결정된다고 생각하기 쉽다. 그러나 음식 그릇의 크기는 무엇이 결정하던가?

2   작은 그릇에 담을까 큰 그릇에 담을까는 먹는 사람의 음식의 양에 따라 달라진다. 또 한 사람만 먹으려면 큰 그릇이 필요 없지만, 열 명이 먹으려면 십 인분을 담을 큰 그릇이 필요하다. 돈 그릇의 크기 역시 돈을 어디에 얼마만큼 쓰려고 하는지에 따라 결정된다.

3   사람에 따라 돈을 쓰려는 크기는 분명히 다르다. 자기가 살 아파트 하나 사는 것이 평생의 목적인 사람과 국민 모두가 편안하게 살 수 있는 아파트를 한 채씩 갖게 하려는 목적을 가진 사람의 돈 그릇 크기가 과연 같겠는가.

4   사람들은 부자를 꿈꾼다. 그런데 부자의 꿈을 가진 사

람은 많아도 실제로 부자가 된 사람은 적다. 왜 그럴까? 부자가 되려면 돈을 많이 버는 꿈이 아니라 다른 꿈을 꾸어야 한다.

5   돈을 어디에 잘 쓸 것인지 꿈꾸는 사람에게는 돈이 따라가고 싶을 것이다. 왜냐하면 돈은 자기를 어두컴컴한 금고에 가두어 놓는 사람보다 자기를 가치 있게 사용할 사람에게 가고 싶어 할 것이기 때문이다.

6   부자를 꿈꾸는 사람과 돈을 어디에 잘 쓸 것인지 꿈꾸는 사람 중 어떤 사람의 돈 그릇이 더 클까? 돈 그릇이란 돈이 이 세상에 나온 목적대로 잘 사용해주려는, 돈을 돈으로 잘 대접해주려는 사랑의 크기가 아닐까?

7   금고에 갇혀 있는 돈을 꺼내어 잘 사용해주면 돈이 얼마나 신날까. 돈도 돈을 가치 있게 써주고 진실하게 대접해주는 사람과 친하게 지내고 싶지 않을까? 지금 당장은 가난해도 돈을 잘 사용하려는 꿈을 가진 사람을 발견하면 돈이 더 반가워할 것이다. 돈 그릇은 돈을 진실로 가치 있게 쓰려는 마음의 크기일 것이다.

8   여자의 외모만 보고 쫓아다니는 남자를 여자가 멀리 하듯, 돈이 주는 겉모양만 보고 돈을 쫓아다니는 사람을 돈 도 멀리할 것이다.

9   여자가 원하는 것을 알아보고 그것을 이루어주려는 남자를 좋아하듯, 돈도 돈이 원하는 것을 알아보고 그것을 이루어주려는 사람을 좋아할 것이다. 돈도 자기 마음에 드는 그릇에 담기고 싶을 것이다.

10   자신이 원하는 바가 돈이 원하는 바와 같거나 크다 면 그 사람이야말로 돈 그릇이 큰 사람이고, 자신이 원하는 바가 자기의 욕망만을 채우기 위한 것이라면 돈 그릇이 작을 수밖에 없다.

11   "무엇이든지 남에게 대접받고자 하는 대로 너희도 남 을 대접하라." 돈이라고 이 진리를 피해갈 수 있겠는가. 돈에 관한 영성이란 돈이 원하는 바가 무엇인지 알아보려 하고 느 끼면서 돈이 원하는 바대로 사용하려는 마음일 것이다. 그런 마음으로 돈을 대접할 때 돈도 그대를 대접하지 않겠는가. 이런 사람의 돈 그릇은 얼마나 클 것인지 상상해보라.

돈 그릇

재벌 회장이 큰 소리로 물었다. "똑같이 입사해 똑같은 월급을 받는데도
어떤 직원은 집이 두 채, 어떤 직원은 아직도 월세를 사네. 왜 그러겠는가?"

"돈 그릇이 뭔 줄 아는가?" 재벌 회장이 큰 소리로 물었다.
당시 30대 초반이었던 나는 막연히 월급이 많거나 부모 재산
이 많으면 더 잘살 거라고 생각하고 있었다. "똑같이 입사해
똑같은 월급을 받는데도 어떤 직원은 집이 두 채, 어떤 직원
은 아직도 월세를 사네. 왜 그러겠는가?"

내가 머뭇거리자 그는 사업을 해보니 사람마다 '돈 그릇'이
다르더라고 했다. 똑같이 유산을 물려줘도 어떤 아들은 큰
부를 쌓고 어떤 아들은 끼니마저 어렵게 되는 것은 그 때문

이라고 덧붙였다. 그러나 그도 돈 그릇이 무엇인지는 분명하게 알려주지 않았다.

어느 날, 강의를 끝내고 나오는데 한 아가씨가 달려와 말했다. "제가 뭐라도 돕고 싶어요." 책 만드는 일이 얼마나 어려운데 봉사처럼 할 수 있을 줄 알고 저런 말을 쉽게 하는구나 생각했다.

그런데 몇 년 후 그녀에게서 연락이 왔다. 고액 연봉의 외국계 회사를 그만두고 우리 회사로 오겠다고 했다. 나는 당황스러웠다. 그녀는 월급이 적더라도 가치 있는 일을 하고 싶다고 했다. 〈가톨릭다이제스트〉를 읽으면 선한 사람들이 곁에 있는 것처럼 느껴진다는 것이었다. 그녀는 우리 책에 실렸던 모든 글을 속속들이 잘 알고 있었다. 이 책을 그렇게 사랑하는 사람이라면 와도 될 것 같았다.

대기업이 월급은 많이 줄지 몰라도 그 일 자체가 우리 일처럼 직원들의 삶을 아름답게 가꾸어주지는 않을 거라는 생각이 들었다. 결국 그녀의 삶에 더 큰 도움이 되지 않겠는가! 하지만 글을 다루는 일은 수년간의 숙련을 거쳐야 해서 연봉이 줄어들 것이 뻔한데 생활인인 그녀가 과연 직장을 옮길 수 있을까?

그런데 놀랍게도 그녀는 우리 회사로 출근을 했다. 손해를 감수하면서도 오다니! 그때 나는 이런 결심을 했다. '오히려 큰 이득이 되게 해야지!'

예상은 했지만 그녀에게 글을 가다듬는 센스는 없어 보였다. 편지 한 장 써보라고 해도 핵심은 없이 좋은 말만 장황하게 늘어놓았다. 머리로 쓴 겉치레 가득한 편지를 고쳐가며 가르치려면 더 힘이 들었다. 모나게 굴지만 않으면 월급이 나오는 큰 조직의 회사생활에 젖어온 그녀는 마음으로 해야 하는 일에 아주 서툴렀다. 그런데 "이러이러한 내용이 언제 실렸었지?" 물으면 어느 해 몇 월호에서 읽었다며 그녀는 금방 그 글을 찾아왔다. 그것은 희망이었다.

5년 전, 인구 감소로 집값이 떨어질 거라는 뉴스가 매일 쏟아져 나왔다. 누구나 전문가를 자처하며 집을 사지 말고 전세를 살라고 떠들어댔다.

그때 나는 그녀에게 "지금 집을 꼭 사야 해!" 하고 말했다. 그녀는 "집 살 돈 없어요~" 하며 계면쩍게 웃었다. 7천만 원 전세에 살고 있는 그녀에게 3억 원도 넘는 아파트를 사라는 것은 무리였다. 나는 힘주어 말했다. "집은 돈이 있어서가 아니라 필요하면 사지는 거야." 돈이 부족한 그녀도 얼마든지 집을 살 수 있다는 믿음부터 심어주기로 했다.

결혼 후 나는 7백만 원이 전 재산이었다. 어느 날 친척이 그 열 배나 되는 아파트를 사라고 해 어안이 벙벙했다. 그는 융자받아 이자 내며 살다 보면 집값도 서서히 올라서 대출금은 상대적으로 작아진다고 했다. 그도 그렇게 집을 갖게 되었다며….

그때도 집값이 떨어질 거라는 뉴스가 매일 들려왔다. 막상 집을 샀는데 값이 떨어져 버린다면? 두려움이 밀려왔다. 그러나 내게 집은 꼭 필요하지 않은가. '집값이 떨어지더라도 우리 가족이 이사 다니지 않고 좀 더 편안하게 살 수 있다면!' 그런 간절함 때문인지 용기가 생겼다. 나는 그 집을 샀다.

대학 시절, 당시 집 장사들은 경기가 좋으면 금방 집이 팔려 돈을 벌었다. 그러나 팔리지 않으면 전세를 놓았다. 그런 전세방에서 자취했던 나는 집이 팔리면 이사 가야 했다.

그 덕분에 몸으로 체득한 게 있었다. 사람들은 집값이 떨어지면 집을 사지 않고 전세를 살려고 했다. 그러면 전세값은 올라갔고 얼마 후 집값은 폭등했다. 반대로 집값이 오르기 시작하면 너도 나도 집을 사자고 덤볐고 얼마 후엔 어김없이 집값이 폭락했다.

내 이야기를 듣고도 그녀는 집값이 내려갈까 봐 용기가 나지 않는 모양이었다. 이 기회를 놓치면 집값이 폭등할 것이 뻔했다. 그녀는 10여 년이나 고액의 연봉을 받았는데도 전세살이를 했다. 참 이상하지 않은가! 또 그렇게 세월은 흘러갈 것이다. 설령 앞으로 더 많은 연봉을 받더라도 폭등한 집값을 어떻게 감당할 것인가. 그녀는 서울에서 영영 전세살이만 해야 한다는 말인가! 내 마음이 조급해졌다.

나는 마지막 카드를 꺼냈다. "아파트값이 내려가면 내려간 만큼 메꿔줄게. 이번에 꼭 집을 사라."고. 내 간절함이 그녀에게도 전해지는 것 같았다. 그녀는 융자를 내어 아파트를 샀다. 전세값의 다섯 배나 되는 집이었다. 떨어지기만 할 거라던 집값이 몇 달 후부터 오르고 있다는 뉴스가 매일 귀를 시끄럽게 했다. 2년이 지나 그녀의 아파트값은 두 배로 올라 있었다.

사람들은 말한다. 돈이 있어야 집을 산다고, 월급 한 푼 쓰지 않고 꼬박꼬박 저축해도 30년도 넘게 걸리는 몹쓸 세상이라고. 그러나 그녀가 집을 산 것은 돈이 있어서도, 30년간 저축해서도 아니었다. 가치 있는 일이라면 손해를 감수하면서도 뛰어드는 그녀의 순수의 그릇, 사람의 진심을 알아보는 그녀의 믿음의 그릇 때문이었다. 그녀에게 그런 그릇이 없었더라면? 그녀는 지금 고액의 연봉은 받을지 몰라도 여전히 집은 마련하지 못했을 것이다. 지금 그녀는 편지도 잘 쓰고 글도 잘 가다듬어 회사에 큰 도움을 주고 있다.

이제 나도 그 사업가의 나이가 되었다. 사람을 만나면 사람마다 그릇의 크기가 다르다는 느낌이 들곤 한다. 가족이 도란도란 살 집을 보는데도 언제 사면 더 이득일까 계산만 하다 좋은 기회도 놓치고 만다. 한 푼도 손해 보지 않겠다는 사람의 그릇과 가족들의 삶에 도움이 된다면 집값이 떨어지더라도 감수하겠다는 사람의 그릇은 분명 다를 것이다.

사람들의 말에만 귀를 쫑긋 세우고 그것을 진리처럼 떠받드는 사람의 그릇과 사람들의 말보다 무엇이 더 옳은 선택일지 깊이 고민하며 자기 생각을 갖고 사는 사람의 그릇은 다를 것이다. 나는 돈 그릇은 마음의 그릇이라고 믿는다. 돈을 좇는 마음의 크기가 아니라 돈을 잃더라도 가치 있는 일을 해보겠다는 마음의 크기라고!

사람들에게 맛있는 음식을 대접하려는 마음, 유익한 물건을 만들어주려는 마음, 평화와 위안을 주려는 마음, 이런 마음이 커가면 그 사람의 돈 그릇도 자연스레 커지는 것이라고. 남한과 북한의 경제력의 차이도 국민들이 더 잘 살았으면 하는 지도자들의 마음 그릇이 만들어낸 차이가 아닐까? 나의 돈 그릇, 마음의 그릇은 얼마나 될까?

스스로 찾아가는 돈과 영성

1 그대는 돈 그릇이 무엇이라고 생각하는가?

2 나의 삶에서 돈보다 훨씬 큰 가치는 어떤 것들이 있었는가?

3 내 돈 그릇을 키우기 위해 앞으로 어떻게 할 것인가?

4 그대는 언제 집을 사야 한다고 생각하는가?

5 물질적으로 풍요로운 삶을 살려면 돈을 벌려고만 노력하는 것이 중요한 요소일까? 아니면 그보다 더 중요한 것이 있다고 생각하는가?

돈 벌기 제 2 원칙

돈을 넘어 돈의 세계로!

벌기가 어려운가, 쓰기가 어려운가?

1   사람들은 돈이 있어야 돈을 쓸 수 있다고 믿는다. 과연 돈이 없으면 돈을 쓸 수 없는 것일까? 이 질문에 대한 답을 하기 전에 반대로 '돈이 있으면 우리는 돈을 쓸 수 있는 것일까'부터 생각해 보자.

2   한 주부에게 300만 원을 주면서 오늘 당장 냉장고를 사라고 하면 살 수 있을까? 우리는 돈만 충분하면 냉장고쯤

은 쉽게 살 수 있을 거라고 생각한다. 그러나 그 주부가 어떤 크기의 어떤 기능을 가진 냉장고를 사야 할지 마음을 못 정하면 전자상가에 가서 이 냉장고 저 냉장고만 보다가 그냥 돌아올 것이다.

3   반대로 그 주부가 300만 원짜리 고급 냉장고를 사려고 단단히 마음먹고 있는데 돈이 부족하다면 냉장고를 살 수 없을까? 그 주부는 부족한 돈을 친정 식구나 친구에게 빌려서라도, 남편을 졸라서라도 사고 말 것이다.

4   우리는 집을 살 때도 돈이 없어서 못 산다고 한다. 5억이 있다면 5억짜리 집을 살 수 있을까? 보통 우리는 돈이 있으면 살 수 있다고 확신한다. 그러나 집값이 오르고 있을 때에는 5억에 덜컥 샀다가 집값이 내리면 어쩌나 불안해서 사지 못한다. 내릴 때에는 더 떨어질까 두려워서 못 산다.

5   그렇다고 집값이 오르지도 내리지도 않는 상태라고 해서 집을 살 수 있는 것도 아니다. 집을 산 후 집값이 떨어지면? 이런저런 불안으로 돈이 있어도 집을 못 사는 경우를 너무도 많이 보았다. 돈은 그렇게 쓰기도 어려운 것이다.

6   돈의 가치보다 더 큰 무엇이 있을 때 돈을 쓸 수 있다. 당장 냉장고가 있어야 내일부터 가족에게 신선한 식사를 제공할 수 있다는 필요성이나, 이 집을 사야 아이들 교육에도 남편 출근에도 도움이 될 주거환경이 되겠다는 필요성이 강할 때 돈을 쓸 수 있다.

7   돈을 써야 할 필요성을 느끼지 않는다면 경제성만 따지다가 돈을 쓰지 못한다. 돈을 쓰려는 필요성이 돈보다 더 귀한 가치를 갖고 있느냐에 따라 돈을 쓸지 말지 여부가 결정된다. 그런 필요성보다 경제성을 우선시하는 사람들에게 돈 쓰기는 쉬운 일이 아니다. 그런데도 사람들은 돈 벌기가 어렵지 돈만 있으면 얼마든지 잘 쓸 수 있다고 큰소리친다.

8   1,000억의 재산을 가진 재벌은 돈 벌기는 쉬웠을 것이다. 그러나 돈 쓸데가 분명하지 않다면 그 1,000억은 어디에 써야 할까? 이보다 더 어려운 일이 이 세상 어디에 있을지 생각해 보라.

9   돈 쓸 필요성이 큰 사람에게 돈이 더 잘 들어올까, 돈 쓸 필요성이 작은 사람에게 돈이 더 잘 들어올까? 돈을 벌려

면 돈 벌기보다 돈을 어디에 써야 할지, 왜 돈을 벌어야 하는지를 먼저 생각해야 한다.

10   1,000억 재산가가 두 명 있다고 가정해 보라! 한 명은 돈을 유용하게 더 쓸 목적이 분명하고, 다른 한 명은 돈을 더 많이 벌어야겠다는 목적만 있다. 그럴 경우 돈은 누구를 더 따라가겠는가? 돈만 더 벌겠다는 재산가에게는 절대로 가지 않을 것이다. 돈은 스스로 학대받으리라는 걸 알기에.

그대는 왜 돈을 벌려고 하는가?

1   돈을 버는 목적은 무엇인가? 돈은 쓰기 위해 버는 것이다. 막연히 부자가 되겠다며 돈을 버는 것은 목적지도 없이 이리 갈까 저리 갈까 무작정 운전하며 주행거리만 늘리는 것과 같다. 주행거리가 아무리 많아도 목적지에는 결코 도달할 수 없다.

2   목적지가 분명하면 짧은 길을 찾을 수 있어서 주행거리가 많지 않아도 결국 목적지에 도달할 수 있다. 이보다 더 운전을 잘 할 수 있을까?

3   서울에서 부산을 가려 하는 사람은 목적지가 분명하다. 그러나 서울에서 백 킬로, 천 킬로를 가겠다는 사람은 목적지가 없는 것이다. 그 사람은 어디로 가야 하는 것인가? 서울에서 백 킬로 떨어진 곳은 수없이 많기에 그는 어디로 가야 할지도 모르면서 가는 것이다.

4   백억 모으는 것을 목표로 돈을 벌겠다는 사람은 목적지도 없이 무작정 백 킬로를 운전해야겠다는 사람과 마찬가지다. 목적지가 분명하지 않기에 어느 길로 가야 할지 알 수 없고, 길을 안다 해도 방황하다가 길을 잃어버리기 십상이다. 아무리 빨리 백 킬로를 간들 무슨 소용이 있겠는가? 아마 허허벌판만 그 앞에 펼쳐질 것이다. 그 허허벌판에 내려 한숨만 내쉬고 있을 사람을 생각해 보라!

5   백억을 아무리 열심히 빨리 모아봐야 그를 기다리고 있는 것도 허무함뿐일 것이다. 백억 목표에 도달하기도 전에 그런 허무함을 어렴풋이 맛보게 되면서 백억을 모으려던 의욕마저도 사라지고 말 것이다.

6   '부산'이라는 목적지가 분명한 사람은 차비가 없으면

걸어서라도 부산에 가게 된다. 마찬가지로 돈을 벌려는 목적이 분명한 사람은 당장 돈이 없어도 결국 그 목적하는 바를 실현하게 된다.

7   열심히 노력해야 돈을 번다고? 그것은 돈 벌기의 핵심은 아니다. 돈 벌기의 핵심은 왜 돈을 벌려고 하는지 목적을 정하는 것이다. 돈을 버는 목적이 분명하면, 돈을 어디에 쓸 것인지가 분명하면 무작정 돈만 빨리빨리 많이 많이 모으려는 욕심쟁이보다 더 돈을 천천히 벌어도 더 짧은 기간에 재미있게 목적하는 바를 이룰 수 있다.

8   사람들은 말한다. 돈만 있으면 쓸데가 너무나 많다고. 그런데 이런 사람들은 돈을 잘 벌 수가 없다. 왜? 쓸데가 분명해야 돈이 생기는 것인데, 돈이 있어야 쓸데가 생기는 것으로 착각하고 있기 때문이다. 이렇게 거꾸로 생각하는 바보에게 가치 중의 가치라는 돈이 따라가고 싶겠는가.

돈을 벌려는 목적 너머로!

1   세상에는 부자가 되려는 사람은 많다. 그들은 돈 버는 것이 남보다 앞서야만 가능한 것이라고 생각한다. 그대도 그

런 생각이라면 부자가 되려는 수많은 사람들과 경쟁을 통해 앞서야만 할 것이다.

2   돈을 벌려는 그대만의 고유한 목적이 있다면 그대와 같은 목적을 가진 상대가 없을 것이기에 그대는 누구와 경쟁할 필요가 없을 것이다.

3   경쟁 상대가 많을 때 부자 되기가 쉽겠는가, 경쟁 상대가 없을 때 부자 되기가 쉽겠는가. 그대는 어떤 길을 걷고 싶은가.

4   돈은 쓰기 위한 것이지 벌기 위한 것이 아니다. 돈을 버는 것은 쓰기 위한 수단에 불과하다. 그런데 돈을 벌려는 사람은 많아도 돈을 어디에 쓸 것인지 목적이 분명한 사람은 많지 않다. 수단을 목적보다 앞세우고 있으니….

5   돈을 벌려고 하면 경쟁 상대가 많지만 돈을 쓰려고 하는데 경쟁 상대가 있던가. 그런데 그대는 돈을 벌려는 경쟁만 하려고 하지, 돈을 어디에 쓸 것인지에 대해서는 깊이 생각조차 하지 않고 있는 것은 아닐까.

6   경쟁 없는 쉬운 길은 놔두고 치열하게 경쟁해야 하
는 어려운 일만 하려는 사람들이 너무나 많다. 그대도 그 대
열에 끼어들려고 하면 경쟁은 더 치열해지고 돈 벌기는 더욱
어려워질 것이다. 쉬운 길을 왜 가지 않으려 하는가.

7   돈을 잘 벌려면 무엇보다 영성적 사고가 필요하다. 영
성이란 본질로 돌아가는 것이다. 돈을 벌려는 목적 너머의
목적이 있어야 진정한 부자에 이르게 된다.

벽에 쌓아둔 돈 묶음

배우지 못해 한이 된다는 사람은 많아도 배운 것을
제대로 써먹지 못해 한이 된다는 사람은 드물다.

배우지 못해 한이 된다는 사람은 많아도 배운 것을 제대로 써먹지 못해 한이 된다는 사람은 드물다. 배우는 목적은 배운 것을 사용하기 위한 것인데 사람들은 배운 것을 잘 사용하려고 하기보다는 더 많이 배우려고만 든다.

승진을 못해 한이 된다는 사람은 많아도 그 자리에서 해야 할 일을 제대로 하지 못해 한이 된다는 사람은 드물다. 높은 자리가 있는 것은 그 자리에서 해야 할 일이 있기 때문인데 사람들은 그 자리가 주는 특권만 누리려 하지 그 자리에서 해야 할 일에는 마음을 두지 않는다. 더 이상한 일은 가난이 한이 된다는 사람은 많아도 가진 돈을 잘 쓰지 못해 후회스럽다는 사람은 드물다. 돈을 버는 목적은 쓰기 위한 것인데 우리는 돈을 벌려고만 하지 어떻게 쓸 것인가에는 관심조차 두지 않는다.

길을 떠날 때 목적지가 애매하면 아무리 열심히 걸어도 지치기만 할 뿐 목적지에 도달할 수 없는 것처럼 어디에 써야 할지도 모르는데 어떻게 돈을 모을 수 있겠는가.

어릴 적 아버지가 자전거에 왕진 가방을 묶고 환자들을 보러 이 마을 저 마을을 돌고 오면 가방에는 돈이 그득했다. 멋진 모자를 쓰고 산들바람처럼 다니는 아버지를 따라가겠다고 조르면 아버지는 자전거에 나를 앉히고 페달을 밟았다.

콜록콜록 기침하는 노인들, 불덩이가 되어 누워있는 환자들 집에 가면 아버지는 늘 환대를 받았다. 아버지가 문진을 하고 침을 놓고 처방 약을 쓰면 곁에 앉아있는 나도 뿌듯했다. 집에 오면 아버지는 가방에서 돈을 꺼내 장롱에 넣어두었다가 어느 날은 백 장씩 묶어 벽에 차곡차곡 쌓기도 했다.

아버지가 돈을 벌어오면 어머니는 음식을 만든다. 옷을 산다 하며 '돈 쓰기'에 바빴다. 어머니가 갖은양념과 참기름으로 싱싱한 생선회를 무치는 냄새가 풍겨 나오면 우리 집 대청마루는 손님들의 행복한 웃음소리로 가득했다.

아버지는 자신이 번 돈이 어머니가 값비싼 옷으로 멋을 내고, 손님들에게 싱싱한 회를 맛깔나게 대접하는 데 쓰일 것을 알기에 신이 나 열심히 돈을 벌었을 것이다. 그러나 아버지가 벌어오는 돈은 음식을 만들고, 멋진 옷을 사는 데 쓰기에는 어마어마하게 많은 돈이었다. 어머니는 쓸 곳 없는 그 돈을 친정 언니에게도 맡기고 이웃에게도 빌려줬다.

친정 언니는 그 돈으로 공장을 차렸고 이웃들은 사업을 한다며 그 돈을 빌려 가곤 했지만, 스스로 땀 흘려 번 돈이 아닌 남의 돈을 밑천으로 하는 사업이 성공할 수 있었겠는가.

몇 년간 열심히 번 그 많은 돈이 허공으로 사라지자 아버지도 어머니도 힘을 잃은 듯했다. 친정 언니와 이웃에 대한 실망이 두 사람의 영혼을 좀먹기 시작했고 아버지는 모든 일에 심드렁해졌다. 설상가상으로 소금 경기가 좋아 흥청거리던 그 마을 경기마저 나빠지면서 아버지를 찾는 손님도 줄어갔다. 우리 집은 가난 속에 떨어졌다.

내가 어른이 된 후 아버지는 그 시절을 되돌리며 입버릇처럼 말했다. "그때 서울에 집을 한 채 사뒀어야 하는디… 그땐 돈을 어디다 써야 할지 몰랐어야!" 아버지는 돈은 잘 벌었지만 그 돈을 어디에 써야 할지 몰랐기 때문에 그 이상은 가질 수 없었을 것이다.

모든 것에 실패하고 고향 섬으로 들어간 아버지는 육지에서 대접을 받던 '윤 의사'가 아니었다. 한때의 명성은 무시와 굴욕으로 이어졌고 겨우 식구들 끼니나 굶기지 않는 '윤 약방'일 뿐이었다. 그런 처지에 내가 굳이 대도시 고등학교에 간다고 했을 때 아버지는 지레 겁을 냈다.

그런데 그때까지 돈 한번 벌어보지 않은 어머니가 내 학비를 대겠다고 나섰다. 숫자 계산도 잘 못 하는 어머니가 어떻게… 나도 내 귀를 의심했다. 그런데 어머니는 결연했다. 아들 학비를 버는 데 창피할 게 뭐가 있으며 두려울 게 뭐가 있느냐고.

나를 뒷바라지하러 대도시에 온 어머니는 머리에 김과 미역을 이고 집집마다 초인종을 누르며 "김 사세요." "미역 사세요." 외치고 다녔다. 학비며 식비며 방세도 어머니가 번 돈으로 해결되었다. 행상으로 변한 또 다른 어머니를 나는 새롭게 만나게 되었다. 하루는 어머니가 시장에서 만나자고 하여 갔더니, 어머니는 나물이며 채소를 파는 시골 아낙네들 옆에 보자기를 깔고 앉아 김과 미역을 팔고 있었다.

멋지게 차려입고 양산을 받친 채 가정부를 대동하고 손가락으로 이 물건 저 물건 가리키던 윤 의사 부인의 모습은 간데없고 장바닥에 털썩 주저앉아 시골 아낙네들과 어울려 이야기를 나누고 있었다.

아버지는 내가 지방대학을 나와 교사가 되기를 바랐지만 나는 서울에서 대학을 다니고 싶었다. 아버지는 도저히 서울 생활비를 댈 수 없다며 반대했지만 어머니는 서울에서도 장사를 하여 보태겠다며 아버지를 설득했다. 결국 나는 서울로 대학을 오게 되었고 어머니는 또 김과 미역을 이고 다녔다.

언젠가 방학을 맞아 집에 내려갔더니 아버지가 참 신기하다는 표정으로 "네가 서울로 대학에 간 후 네가 돈이 필요하다고만 하면 이상하게 그만한 돈이 생겨야." 하셨다. 그때 나는 돈이란 제대로 쓸 곳이 있으면 생기는가 보다 하는 생각이 막연히 들었다. 그런데 이런 일은 어른이 된 후 내게도 종종 생겼다.

나는 다니던 로펌에서 나와 내 사무실을 열고 싶었으나 내가 가진 돈으로는 어림도 없었다. 그래도 포기하지 않고 이곳저곳 돌아다녔는데 하루는 선배 변호사 한 분을 만나게 되었다. 그는 대기업 고문 변호사로 갑작스레 가게 되었다며 자신의 사무실을 내놓았다고 했다. 그러면서 집기며 인테리어 모두를 그대로 둘 테니 그냥 사용하라는 것이었다.

그의 사무실은 그때 보고 다녔던 그 어떤 사무실보다도 깨끗하고 품위 있었다. 나는 그렇게 서울 한복판에 멋진 사무실을 갖게 되었다.

폐간 직전의 〈가톨릭다이제스트〉를 맡을 때도 나는 분명한 목표가 있으면 돈 문제는 해결될 거라는 믿음이 있었다. 공연장을 열 때도, 갤러리를 열 때도 사람들은 모두 왜 돈도 되지 않는 일들만 하느냐고 걱정했지만, 나는 돈이 있어야 무언가를 할 수 있는 게 아니라 뜻이 있으면 돈이 따라온다는 것을 어릴 때부터 체험했기에 두렵지 않았다.

나는 앞으로도 돈을 버는 일보다 돈을 쓰는 일을 하려고 한다. 물론 목적이 선한 곳이 아니면 허투루 쓰지 않으리라는 마음도 굳게 먹으며….

"배우지 못한 것이 한이 돼요." "착해 빠져서 손해만 보고 산 게 한이 돼요." "가난이 한이 돼요."가 아니라 "배운 것을 제대로 써먹지 못해 한이 돼요." "더 선하게 살지 못해 한이 돼요." "내가 가진 것을 잘 쓰지 못해 한이 돼요." 하는 사람들이 늘어갔으면 한다.

스스로 찾아가는 돈과 영성

1 그대는 돈을 버는 데 마음을 쏟고 있는가, 돈을 어디에 쓸 것인지 상상하는 데 마음을 쏟고 있는가?

2 그대는 누군가와의 경쟁에서 이겨야만 잘 살 수 있다고 믿음을 갖고 있는가. 그렇다면 그 믿음의 근거는 무엇인가 생각해 보라.

3 그대는 돈보다 더 큰 가치를 위해 돈을 써 본 적이 있는가?

4 돈보다 더 작은 가치를 위해 돈을 벌었던 적은 없는가?

5 그대는 경쟁 없이 할 수 있는 일을 찾아 나선 적이 있는가?

돈 벌기 제 3 원칙
돈이 그대를 위해 일하도록 하라!

'돈 쓸데'가 만드는 돈

1   '돈이 많아야 쓸 돈이 있지' 하며 '돈'이 '돈 쓸데'를 만드는 것이라고 굳게 믿고 사는 사람들이 많다.

2   돈을 어디에 쓸 것인지는 생각조차 하지 않고 돈을 모으는 데만 힘을 쏟는 사람들이 얼마나 많은가. 돈을 모은 다음에 어디에 쓸 것인지 생각해도 늦지 않는다며….

3   '돈'이 '돈 쓸데'를 만드는가, '돈 쓸데'가 '돈'을 만드는가. 그대는 어떤 생각을 갖고 살아왔는가.

4   차를 사기 위해 부산에 다니는가, 아니면 부산을 다니기 위해 차를 사는가? 차는 수단이고 부산에 다니는 것이 목적인 것처럼 돈은 수단이고 '돈 쓸데'는 목적이다. 그런데도 우리는 돈에 관한 한 수단과 목적을 뒤바꾼다. '돈'이 '돈 쓸데'를 만든다며 '돈이 생기면 좋은 일 하겠다'고 떠들어댄다.

5   수단과 목적이 바뀌면 뒤죽박죽의 삶이 우리를 기다릴 뿐이다. 뒤죽박죽인 삶을 사는 사람이 돈을 벌 수 있겠는가? 돈도 그런 사람을 무시하고 따라오지 않는다.

6   돈 벌면 고아원 하겠다, 양로원 하겠다는 사람들을 만난 적이 있는가? 그런 사람은 돈을 벌어야 고아원을 한다는 '조건'을 내건다. 그들은 아무리 불쌍한 고아를 만나도 지금은 돈이 많지 않아서 도와줄 수 없다고 피할 것이다.

7   돈을 버는 것이 더 큰 목적이고 고아원을 만드는 것은 작은 목적일 뿐이어서 보다 더 큰 목적인 돈 버는 데만 힘을

쏟을 것이다. 이렇게 수단과 목적이 뒤바뀌면 결코 고아원을 만들 돈도 모으지 못하고, 설사 그런 돈을 모은다 해도 더 많은 돈을 모아 더 큰 고아원을 만들겠다며 돈 모으는 데 더 집중할 것이어서 끝내 고아원은커녕 고아 한 명도 돕지 못할 것이다.

8   돈을 어디에 쓸지 목적이 분명한 사람은 돈이 많이 모이지 않아도 그 목적에 부합하는 일이면 당장 적은 돈이라도 사용한다. 돈을 버는 목적이 어차피 고아들을 위해 사용할 것이기에, 고아원 만들 돈은 없어도 불쌍한 고아를 만나면 당장 갖고 있는 돈을 쓰는 사람이 있다. 그렇게 한 명 두 명 돕다가 어느덧 고아원이 된 경우를 보지 않았던가.

9   돈도 그렇게 '돈 쓸데'가 분명한 사람을 만나면 얼마나 함께하고 싶겠는가. 그의 진정성을 알게 된 돈은 더욱 그를 따르고 싶어 할 것이다.

돈이 만나고 싶은 사람

1   세상 만물이 모두 그 목적이 있듯이 돈도 스스로 그 목적을 갖고 있다. 돈의 목적은 사용하는 데 있다. 돈은 자기를

잘 사용하는 사람을 따르려 할 것이다. 그대도 그대를 잘 써 주는 사람을 만나면 얼마나 잘 따르고 싶던가.

2   돈이 그대를 쫓아다니면, 그대가 기대하는 것보다 훨 씬 더 많이 돈을 갖게 될 것이고, 그대는 돈이 원하는 대로 돈을 더 잘 사용할 수 있을 것이 분명하다.

3   돈의 목적대로 '잘' 사용한다는 것은 무엇인가? 그대 를 '잘' 사용한다는 것은 그대를 가치 있게 사용하는 것이듯, 돈을 잘 사용한다는 것은 돈을 가치 있게 사용하는 것이다. 더구나 돈은 가치 중의 가치이기에…. 반대로 돈을 '잘못' 사 용한다는 것은 돈을 가치 없게 사용하는 것이 아니겠는가.

4   돈을 가치 있게 사용하는 사람은 100원을 100원보다 더 가치 있게 사용한다. 돈이 많다고 100원을 무시하고 아무 렇게나 사용한다면 돈이 그대를 따르겠는가.

5   100원도 안 되는 물건을 1,000원에 사는 사람이 있다 면 돈이 얼마나 화를 낼까. 가끔 우리는 100원 물건을 사는 데 아무 이유도 없이 만 원을 덜컥 내는 사람을 후한 사람이

라고 떠받들기도 한다.

6   1억 원을 은행구좌나 금고에 넣어두는 사람도 있고 세상을 위해 유용하게 쓰는 사람도 있다. 그대가 돈이라면 그대는 누구를 따르겠는가?

7   세상을 위해서는 거액의 돈도 아낌없이 쓰지만 쓸모없는 곳에는 1원도 아까워하며 쓰지 않는 사람이 있다면 돈도 그런 사람을 존중하지 않을까. 돈은 그를 열심히 따라다니려 할 것이다.

8   세상을 위해 더 많은 돈을 쓰면 쓸수록 돈은 자기를 가치 있게 사용하는 사람을 만났다며 얼마나 환호하겠는가. 돈은 기꺼이 자신이 할 수 있는 것이라면 어떤 일이라도 하려들 것이다.

돈이 그대를 위해 일을 한다면

1   돈이 그대를 위해 어떤 일이라도 하려 든다면 어떤 일이 벌어지겠는가. 그대는 경제적으로 자유를 얻을 것이다. 그대가 원하는 일이 무엇이든 돈은 그대를 위해 충성할 것이

다. 가치 중의 가치인 돈이 가치 있는 일에 사용되는 것을 얼마나 뿌듯해하겠는가.

2   그대는 "나도 돈을 사용할 목적은 있는데 돈이 따라오지 않더라."고 항변할지도 모른다. 나는 그대에게 분명하게 묻고 싶다. 돈을 사용할 목적이 정말 가치 있는 것이었냐고. 그리고 그 목적이 정말 확고했냐고.

3   그대가 돈을 쓰려는 목적이 돈의 가치보다 높은 것이어야만 돈도 관심을 기울여준다. 돈보다 더 낮은 가치에 목적을 두고 있다면 돈도 따르려 하지 않을 것이다.

4   그대가 돈보다 더 높은 가치에 쓰려는 목적을 갖고 있다고 해서 지금 당장 돈이 그대를 따르려 하지 않을 것이다. 어떤 사람이 가치 있는 일을 하겠다는 생각을 가졌다고 해서 우리가 당장 그 사람을 따르려 하지 않듯이….

5   그대가 가치 있는 일을 하는 사람을 따르려고 할 때 그대도 그 사람의 가치관이 분명한지, 그 사람이 지금까지 어떻게 살아왔는지, 어떤 일을 이루어냈는지 살핀 후에야 따

르고 싶지 않던가.

6   마찬가지로 돈도 가치 있는 일을 하려는 생각만 가진 사람에게 금방 마음을 열어주지는 않을 것이다. 뜻이 얼마나 분명했는지, 얼마나 그 목적에 충실하게 살고 있는지 살펴본 후에야 돈도 마음을 열지 않겠는가.

7   가족이 잘 먹고 잘사는 것을 목적으로 하는 사람에게는 그만큼의 돈이 마음을 열 것이다. 10명에게 베풀려는 사람에게는 10명을 도울 만큼, 1,000명에게 베풀려는 사람에게는 1,000명을 도울 만큼의 돈이 마음을 열 것이다. 우리도 그러고 싶은 것처럼….

재벌 사위라면서요?

"잘했네. 앞으로 돈은 얼마든지 벌 수 있네. 사람마다 돈 그릇이
있어서 지금 없어도 그릇이 크면 나중에 채워지네."

　사법연수원을 갓 졸업하고 국제거래 전문로펌에서 바쁘게 일하던 초보 변호사 시절이었다. 무역 거래, 해상보험과 관련된 법률문서를 작성하는 일에 몰두하다 보면 하루해가 짧았다.

　어느 날 장인어른이 두툼한 사건기록 하나를 꺼내놓았다. 국내 굴지의 재벌 회장과 관련된 소송사건이었다. 그 회장과 함께 일했던 장인어른이 오랜만에 인사를 갔다가 사위가 변호사라고 했더니 기록을 한번 훑어봐 달라고 부탁하더라는 것이었다. 기록을 보니 신문 사회면에 대서특필되었던, 당시로써는 드문 큰 사건이었다.

법률사무소에서 밤늦게까지 일하다가 집에 돌아와서야 사건기록을 읽었다. 이미 변론을 맡고 있던 그 회사 고문 변호사에 의해 사건이 상당히 진척되어 있었다. 자세히 들여다보니 잘못 진행한 부분이 있었다. 기록을 몇 차례 훑은 뒤 국내 서적은 물론 일본 서적을 참고해가며 복잡한 법률문제까지 세밀히 연구해 꼼꼼히 메모했다. 많은 사건을 다루어보지 못한 신출내기였지만 그 사건에 관해서는 자신이 생겼다.

며칠 후 회장을 찾아갔다. 텔레비전에서 봤던 현대적인 초고층 그룹 사옥과 회장실을 상상했던 내 기대는 여지없이 무너지고 말았다. 회장은 그룹의 터전을 일궜던 허름한 옛 사옥에 머물고 있었다.

그런데 회장실에 들어선 순간 깜짝 놀랐다. 건장한 체격에 쩌렁쩌렁한 목소리를 가진 인자한 노신사가 정중히 손을 내밀었다. 대학 시절 책을 통해 재벌은 부패의 온상이요 부정의 대명사로 알아 왔던 내게 그는 전혀 다른 모습으로 다가왔다.

그는 칠순이 다 되었음에도 젊은 나를 불편함이 없도록 깍

듯이 대했다. 그러나 사건을 의논할 때는 완전히 다른 사람이 되었다. 자신의 주장을 논리정연하게 펼쳐가면서 매섭고 날카로운 질문을 던졌다. 이미 다섯 명의 변호사와 면담한 뒤라서 사건의 강점과 약점을 두루 꿰뚫고 있었다. 대화를 나눌수록 그가 매우 논리적이고 합리적인 사람이라는 것을 알 수 있었다.

그러나 며칠간 밤늦게까지 기록을 꼼꼼히 검토한 내게는 그를 설득시킬 수 있는 비장의 무기가 있었다. 더구나 애송이 변호사인 내게 그 큰 사건을 맡길 리 없다고 생각한 터여서 나는 거칠 것이 없었다. 그의 주장을 하나하나 반박하며 내 의견을 정리해 들려주었다.

회장은 요동도 하지 않고 나를 응시하며 귀를 기울이더니 내 이야기가 끝나기 무섭게 찌렁찌렁한 목소리로 말했다. "윤 변호사, 나와 일 좀 같이 합시다." 순간 내 귀를 의심했다. 회장의 일생에서 가장 중요하다고 스스로 말한 사건을 나처럼 경험 없는 변호사에게 맡긴다는 것이 도무지 믿어지지 않았다.

나는 평소 존경하던 로펌의 선배변호사와 상의했다. 선배변호사는 대표변호사와 의견을 나누더니 나로서는 상상할 수 없는 거액을 사건 수임료로 받자고 했다. 당시 그런 거액의 수임료를 주고받았다는 이야기는 들어보지 못했을 정도로 큰 액수였다.

회장을 만나 그런 거액의 수임료도 괜찮겠냐고 묻자 그는 오히려 내게 편한 쪽을 선택하라고 했다. 개업해서 혼자 사건을 맡든지 아니면 지금 근무하는 로펌에서 사건을 수임하게 하든지 내 마음대로 하라고 했다. 회장은 내게 거액의 수표를 주었다. 로펌으로 돌아오는 길에 함께 간 선배변호사가 충고했다. "이런 돈은 개업해서 몇 년간 죽자 살자 일해도 벌지 못할 돈이네. 잘 생각하게."

그는 내게 개업을 권유하는 것 같았다. "선배의 뜻은 잘 알겠습니다만 돈을 목적으로 살고 싶지는 않습니다. 지금 이 로펌에서 월급을 받고 있으니 이 돈은 로펌에 갖다 드리고 싶습니다."고 대답하자 그 선배는 고개를 끄덕였다.

사건 수임 후 다시 만났을 때 회장은 수임료를 어떻게 했느냐고 물었다. 로펌 대표변호사에게 드렸다고 하자 그는 "잘했네. 앞으로 돈은 얼마든지 벌 수 있네. 사람마다 돈 그릇이 있어서 지금 없어도 그릇이 크면 나중에 채워지네." 하는 것이었다. 재벌 회장실은 소박하다 못해 초라해 보여 세월의

흔적은 느껴져도 돈 냄새는 맡을 수 없었다. 허물없는 대화를 나누고 싶을 때면 그는 나를 회장실에 딸린 조그만 방으로 데려갔다. 두어 평 남짓한 쪽방에 낡은 원형 탁자와 의자 두 개가 달랑 놓여있었다.

탁자를 사이에 두고 앉으면 회장의 머리 뒤로 빛바랜 표주박 하나가 걸려있었다. 회장은 가끔씩 쳐다보며 어려웠던 시절을 잊지 않기 위해 간직하고 있다고 했다.

그는 사업 초창기 일류기술자들과 함께 우수한 조미료를 만들어보려 했지만 실패를 거듭하자, 집 마당에 실험실을 차려놓고 무수히 밤을 새우며 직접 만들어보고 맛보기를 거듭해 마침내 사람들의 입에 맞는 맛을 개발했다고 했다. 그 품목만큼은 최고 재벌에게도 멋진 승리를 거두었다며 무용담 늘어놓듯 자랑스러워했다.

회장의 사건을 맡고 나서 얼마 되지 않아서였다. 동네 책방에 갔더니 "재벌 사위라면서요?" 하는 것이었다. 누가 그러더냐고 묻자 아는 법조인이 그렇게 말하더라고 했다.

그 후에도 심심찮게 그런 질문을 받았다. 사람들은 판검사 경력도 없는 내가 대재벌 회장으로부터 그 큰 사건을 맡자 그의 사위쯤 되나 보다 생각했던 것 같다. 사람들은 자기 생각대로 남을 자주 곡해한다.

당시 나도 재벌은 모두 정권과 유착되어 있다고 믿었다. 그래서 영남만 우대했다던 박정희 정권 시절에 호남 출신인 그 회장의 회사가 어떻게 살아남을 수 있었는지 무척 궁금했다.

그는 기술제휴를 위해 일본을 자주 다녔는데 동반할 직원은 그 일을 착실히 해낼 만한 사람인지 직접 관찰한 후에 정했다고 했다. 일본회사의 사장과 엔지니어를 만날 때는 일류 호텔 커피숍을 이용하면서도 숙소는 늘 저렴한 곳을 이용했다며 자랑스러워했다.

그런 그도 일에 대한 노력에 대해서는 넘치지도 부족하지도 않게 꼭 사례를 했다. 깨끗한 봉투에 새 돈을 넣는 예의도 잊지 않았다.

변호사 초년병이던 그때 나는, 돈은 내가 벌려고 해야 벌 수 있는 것이며, 인생은 내 의지대로 펼쳐지는 것이고, 노력하면 성공할 수 있다는 자의식 강하고 경쟁적인 인생관을 갖고 있었다. 그런데 회장은 돈은 벌려고 마음먹는다고 벌리는 것이 아니라 좋아하는 일을 열심히 하다 보니 벌리더라는 것, 자신의 뜻보다 누군가의 손이 인생과 사업을 좌우하더라는 것, 자신이 의지했던 지식이 얼마나 짧은지 한 치 앞도 내

다보지 못했다는 것 등등 그가 겪고 느낀 점들을 솔직하게 들려주었다.

그의 인생담은 그 후 개인 법률사무소를 열 때 큰 용기가 되었다. 주변 사람들은 화려한 법조경력도, 세련된 처세술도 없는 내가 사무실을 꾸려가기도 힘들 거라고 했다.

고급 승용차, 번듯한 가구, 인테리어 등 아무리 줄여도 몇 천만 원은 든다는 개업 비용을 나는 단돈 2백만 원으로 해결했다. 중고가구상에서 변호사 책상을 구입하고 선배변호사가 쓰던 사무실 집기를 물려받았다. 차는 소형차 포니를 운전하고 다녔다.

손님이 없어 조용하기만 한 내 사무실에 있다가 북적거리는 동료 사무실에 가보면 갈등도 생겼다. 하지만 사건 브로커 없이 사무실을 운영하기로 한 내 결정이 자랑스럽기도 했다. 나는 고객이 맡긴 조그만 일도 내 일보다 더 열심히 했다. 고객들이 하나둘 늘기 시작했다.

어느 날 동료 변호사들과 점심을 하는데 누군가 내 순소득을 물었다. 사실 그대로 얘기했더니 놀라는 표정이었다. 자신의 총수입은 나보다 훨씬 많지만 순소득은 내 3분의 1도

되지 않는다고 했다.

　나는 여직원 월급과 사무실 월세만 내면 그만이었지만 그는 개업 비용으로 빌린 돈의 이자며 여러 직원의 인건비와 사건소개비로 비용이 꽤 들어가는 모양이었다. 나는 많이 벌지 못해도 적게 쓰면 된다고 생각했기에 찾아온 고객을 당당하게 대할 수 있었고 초조하지도 않았다.

　이런 경험은 〈가톨릭다이제스트〉를 맡게 되었을 때 큰 힘이 되었다. 구독료만으로 월간지를 꾸려가기란 무척 힘들다는 것을 알았지만 독자들에게 충실한 읽을거리만 제공하면 많은 이들이 좋아하는 잡지가 될 거라는 믿음으로 광고를 싣지 않기로 했다. 법률사무소에 아내가 일할 책상 하나 더 놓는 것으로 잡지사 개업을 끝내고, 직접 편집하고 발로 뛰어다녔다.

　10여 년이 지나 내 사무실을 방문한 그 회장에게 당시 내가 하고 있던 운동이 좋다고 하자 그는 즉시 가르쳐달라고 했다. 대개는 좋은 것을 권유해도 귀찮아하거나 마지못해 따라 하는 시늉만 하는데 80세가 넘은 그가 애써 운동을 배우겠다고 나서는 것을 보며 사람의 위대성은 그 순수함과 열정에서 나온다는 생각이 들었다.

더 늦기 전에 그 회장댁에 인사 한번 다녀와야겠다. 그는 "한길로 가소. 힘들더라도 즐겁게 하면 희망이 있네." 아마 또 그렇게 말씀하지 않을까.

스스로 찾아가는 돈과 영성

1 재벌 회장은 왜 경험 많은 변호사를 제쳐두고 초짜 변호사에게 일을 맡겼다고 생각하는가?

2 그대는 돈이 만나고 싶은 사람이라고 생각하는가?

3 그대는 '돈 쓸데'가 '돈'을 만든 경험을 해 본 적이 있었는가?

4 돈이 그대를 위해 일을 한 적이 있었는가?

5 돈 버는 가장 좋은 방법은 무엇이라고 생각하는가?

영성에 눈뜨면 돈이 보인다

돈, 이 길이냐? 저 길이냐?

한쪽으로만 세상을 보는 사람들

1   악해야 잘 사는 세상, 착하면 손해 보는 세상이라고 말하는 사람들이 늘어가고 있다. 그들은 요령 부려야 잘 사는 세상, 요령이 없으면 잘 살 수 없는 세상이라고도 말한다.

2   내가 돈을 못 버는 것은 내가 너무 마음이 약해서라고, 요령이 없어서라고 당연하게 말하는 사람 역시 너무도 많다. 그들은 선하게 살면 잘 살 수 없다, 돈 못 버는 것은 내

가 선하기 때문이라고 믿고 있다.

3   감옥에 갇힌 사람들에게 "당신은 악한 사람입니까?" 하고 물으면 뭐라고 대답할까? 뉴욕 싱싱 교도소에 갇힌 죄수들을 상대로 물었더니 "나는 선한 사람이다. 나는 그 녀석을 죽일 수밖에 없었다. 나는 그때 훔칠 수밖에 없었다. 나는 그 상황에서 거짓말할 수밖에 없었다. 그것이 사기가 될 줄 몰랐다. 나는 억울하다."고 대답들을 했다. 자기가 악한 사람이라고 인정하는 죄수는 단 한 명도 없었다고 한다.

4   사람은 누구나, 심지어 범죄자까지도 자신은 선한 사람이라고 믿고 있다. 그러나 진정 선한 사람이 감옥에 갇힐 수 없듯이, 진정 선한 사람이 과연 세상을 잘 살 수 없을까? 자신이 선하기 때문에 돈을 벌지 못한다는 것도 자기합리화 아니겠는가.

5   자신은 너무 착해서 돈을 못 버는 것이라고 말하는 사람들은 돈은 악해야 버는 것, 남을 속여야 버는 것이라는 확신을 갖고 산다. 이런 사람들이 과연 정말로 선할까? 과연 이런 사람들이 돈을 잘 벌 수 있을까?

6   선해야 돈을 번다고 확신하는 사람과 선하면 돈을 벌지 못한다고 확신하는 사람 중 누가 더 선한 사람일까?

7   선善보다 더 큰 자원은 없다고 믿는 사람은 자신이 돈 못 버는 이유를 자신이 선하기 때문이라고 결코 말하지 않을 것이다. 내가 선하게 살면 돈이 따라온다는 믿음을 가진 사람은 내가 돈을 못 버는 것은 나의 선함이 부족해서라고 고백하지 않을까.

8   선하게 살면 돈을 벌 수 있다고 믿는 사람은 정말로 선하게 살아본 사람이다. 선하게 살았더니 돈이 들어왔던 경험을 해봤기에 그는 그런 믿음을 갖게 되었을 것이다. 반면에 악하게 살면서 돈을 벌어본 경험이 있는 사람은 돈은 악해야 버는 것, 남을 속여야 버는 것이라는 확신을 갖게 되어 그런 말을 함부로 하는 것인지도 모른다. 그래서 돈을 벌지 못하면 자신이 선해서라고 말하는 것이다.

9   우리는 악한 사람이 돈을 많이 번 경우를 현실 세계에서 보기도 한다. 그런데 선한 사람이 돈을 번 경우는 없던가? 그대는 동네의 두 군데 가게 중 착한 주인의 가게에서

물건을 사는가, 못된 주인의 가게에서 사는가? 동네 사람들 역시 값도 적정하고 물건도 속이지 않는 착한 주인의 가게에 꾸준히 갈 것이다. 그렇게 쌓여가는 신뢰와 이득은 악한 주인이 속임수로 남기는 적은 이득과는 비교할 수 없이 큰 이득이 아니겠는가.

10   그대는 악해야 돈 버는 세상이라고 믿는 사람과 선해야 돈 버는 세상이라고 말하는 사람 중 누구와 거래하고 싶은가. 세상 사람들도 그대처럼 거래할 것이다. 그렇다면 그대는 이 세상이 어떤 세상이라고 말해야 하겠는가.

11   부모가 악한 자식에게 더 많은 재산을 물려주려고 하겠는가, 선한 자식에게 더 많은 재산을 물려주려고 하겠는가? 그대가 사장이라면 악한 직원에게 급료를 더 주겠는가, 선한 직원에게 급료를 더 주겠는가? 그대가 직원이라면 선한 사장과 더 재밌게 일하겠는가, 악한 사장과 더 재밌게 일하겠는가?

12   그런데도 선하면 잘 살 수 없는 게 이 세상이라고 말들을 한다. 나는 선하게 살고 싶은데 악해야만 세상을 잘 살

수 있다며…. 이런 사람들이 늘어갈수록 악해야 돈을 벌 수 있다는 틀린 말이 넘쳐나 사람들은 두려움에 휩싸일 것이다.

13   요령과 술수를 써서 악하게 돈을 번 사람도 있다. 그러나 요령과 술수를 쓰지 않고 성실과 신뢰로 선하게 돈을 번 사람도 많지 않던가. 악해야 잘 사는 세상이라고 말하는 사람은 한쪽으로만 세상을 보거나 정말로 선하게 살 생각이 없는 것인지도 모른다.

실패해도 성공하는 길

1   이 길이 옳은지 저 길이 옳은지 모르는 사람은 길을 갈 수가 없다. 러시아로 가야 돈을 더 많이 벌지, 호주로 가야 더 많이 벌지 확신이 있는 장사꾼은 망설이지 않고 러시아나 호주로 갈 것이다. 그러나 그런 확신이 없는 장사꾼은 한국만 맴돌다 한국에서 생산된 물건을 더 비싼 값에 팔 수 있는 먼 나라에 가보지도 못하고 말 것이다.

2   두려움은 확신이 없을 때 생겨난다. 악해야 잘 사는 것이라는 확신이 있으면 악하게 살아갈 것이다. 선해야 잘 사는 것이라는 확신이 있으면 선하게 살아갈 것이다. 그러나

어떤 길로 가야 할지 확신이 없으면 두려움만 커지고 길을 헤매게 된다.

3   악하지도 선하지도 않은 삶을 살아가는 사람들! 이 길도 저 길도 가지 못하고 망설이다 보면 세상 사람들의 말에 휘둘릴 수밖에 없다. 세상 사람들은 뭐라고 말하던가! 악해야 잘 사는 세상이라고 하지 않던가.

4   악하게 살아야 잘 사는 세상이라고 확신하고 악으로 돈을 많이 벌었던 사람들이 가는 곳이 어디던가. 법망에 걸려 감옥에 가거나 법망에 걸리지 않더라도 하늘의 그물에 걸려 세상을 지옥처럼 살아가지 않던가.

5   우리 앞에는 두 갈래의 길이 놓여있다. 하나는 성공해도 실패하는 길, 또 하나는 실패해도 성공하는 길이다.

6   실패해도 성공하는 길은 실패해도 성공이고, 성공하면 대성공이어서 어떤 경우에도 우리를 기다리는 것은 성공이다. 그러나 성공해도 실패하는 길은 성공해도 실패이고, 실패하면 대실패여서 어떤 경우에도 실패가 기다리고 있다.

그 두 갈래 길에서 어느 길을 선택할 것인가.

7   악하게 살면서 돈을 많이 벌면 돈으로는 성공일지 몰라도 인생은 실패다. 그러나 선하게 살면 혹시 돈을 벌지 못했다 할지라도 선하게 살았으니 성공한 인생이요, 돈까지 벌었다면 대성공인 것이다. 선善보다 인간에게 더 귀한 자원이 있던가. 가장 귀한 자원을 갖고 살면 살수록 돈도 따라올 수밖에 없다.

8   실패해도 성공하는 길을 가면 실패해도 성공, 성공하면 대성공이니 얼마나 확실한 길인가. 이런 영성을 갖고 있다면 돈 벌기도 제 길을 찾게 된다. 돈 벌기의 영성은 실패해도 성공하는 길을 가는 것이다.

내가 그리는 그림은

> *"편지는 고맙게 받겠지만 돈 봉투는 새벽에 자네 회사 경비원에게
> 맡겨놓고 왔으니 다시는 이런 번잡한 일이 없으면 좋겠네."*

10여 년 전 어느 날 이른 아침, 전화를 받으니 그의 쩌렁쩌렁한 목소리가 울려 나왔다.

"어젯밤 집에 돌아와 책을 펴보니 편지와 돈 봉투가 들어 있어 놀랐네. 편지는 고맙게 받겠지만 돈 봉투는 새벽에 자네 회사 경비원에게 맡겨놓고 왔으니 다시는 이런 번잡한 일이 없으면 좋겠네." 그 전날 흰물결 아카데미에서 하루 종일 강의를 해주셔서 감사 편지와 함께 강의료를 책에 끼워드렸는데 그게 그를 힘들게 한 모양이었다. 날이 밝기도 전에 돈

봉투를 돌려주러 오다니….

그 몇 달 전 부부동반 식사를 하게 됐는데, 그동안 8년도 넘게 그의 그림을 무료로 책 표지에 사용했기에 신세를 갚을 요량으로 내 딴에는 거액의 돈을 봉투에 담아 가져갔다. 식사 후 그에게 봉투를 건네며 그간의 고마움을 이렇게라도 표현하고 싶다고 간곡히 말했지만 그는 무안할 정도로 단호했다. 그가 승용차를 가지러 주차장에 간 사이 나는 부인에게 조심스레 그 돈을 건넸다.

그러자 부인은 더 정색하며 정중히 내 손을 밀어냈다. 나도 물러서고 싶지 않았다. 마침 그의 차가 다가와 차 뒷문을 열고 봉투를 넣었다. 그러자 그가 차를 세우더니 뚜벅뚜벅 걸어와 분명히 말했다. "이러는 거 아니에요! 우리는 이런 사이가 아닙니다."

언젠가 그에게서 들은 이야기가 생각났다. 가난한 대학생 시절 호숫가에 앉아 그림을 그리는데 한 외국인이 유심히 바라보더니 그림을 가르쳐달라고 했다. 그는 몇 년간 그림을 가르쳐주면서도 한사코 돈을 받지 않았다.

어느 날 그 외국인이 자신은 독일 외교관인데 이제 본국으로 돌아간다며 타고 다니던 오토바이를 선물로 주고 싶다고 했다. 그는 그 오토바이 덕분에 산으로 들로 다니며 그림을 맘껏 그릴 수 있었는데 나중에야 고가의 BMW 오토바이라는 걸 알았다.

젊은 시절, 국전 초대작가로 일찍이 유명해졌던 그에게 그 즈음 인기 있었던 '남산 시리즈' 그림의 주문이 밀려들었다. 그는 그때 '아, 내가 잘못하다가는 인기 놀음에 빠져 한낱 돈이나 좇는 화가로 끝날 수 있겠구나! 잘 팔리는 그림은 그만 그리자' 하며 진경산수에서 벗어났고, 독도 그림을 계기로 도약해 인간과 우주의 원형에 도전함으로써 힘껏 비상하게 되었다.

어느 날 밤, 한 화상이 그의 집에 찾아와 일방적으로 주문을 하더니 그가 응하지 않자 묘한 웃음을 띠며 돌아갔다. 이상한 느낌에 화상이 앉았던 방석을 들춰봤더니 돈뭉치가 들어 있었다. 슬며시 돈뭉치를 두고 가면 그려주겠지 하고 간 것이었다. 그는 밤중에 화상을 찾아가 돈뭉치를 돌려주었다. 통행 금지가 있던 시절이라 돌아오던 중에 파출소 신세까지 져야 했단다. 이야기를 나눌수록 그는 사람이 가야 할 분명한 목적지를 알고 있는 것 같았다.

2년 전 그를 만났더니 기골이 장대하던 몸이 뼈만 앙상하게 남아 있었다. 순교자 그림 작업에 몰두하다 보니 몸이 그렇게 야위었다는 것이었다. 그런데도 순교자 한 사람 한 사람의 삶을 묵상하며 그리다 보니 순교자들과 함께 사는 것 같아 행복하다고 했다. 곧 죽게 될 것만 같은 몸으로 행복하다니….

어느 겨울날 그의 작업실에 가보았다. 4~5m나 되는 거대한 그림을 그리느라 경기도 변두리에 천장이 높다란 큰 창고를 빌려 작업하고 있었다. 설명을 들으며 잠깐 머물러 있는데도 냉기로 온몸이 오들오들 떨려왔다. 일흔을 훌쩍 넘긴 노화가에게 너무나 가혹한 환경이었다.

순교자의 혼까지 그려내야 하는 영적인 작업을 그런 곳에서 4년여나 해온 그가 초인적으로 보였다. 더군다나 그렇게 힘들게 작업한 천 호 크기 순교기록화 13점과 영정화 5점을 무상으로 교회에 기증하기로 했다니….

지난 3월 순교화가 완성되어 신리성지에서 축성식을 한다고 해 참석했다. 아! 그의 그림에는 순교자들이 살아 있었다. 그는 백오십 년 전에 죽어간 순교자들을 살려내 나와도 이야기를 나누게 했다. 한 인간의 맑고 고귀한 정신이 만들어낸 기적이라는 생각이 들었다. 그가 신비로운 존재로 다가왔다.

어느 나라든 화폐는 그 나라 최고의 화가가 그린다. 그는 장우성, 김기창 화백에 이어 화폐를 그린 화가다. 그것도 오천 원권, 오만 원권 두 번이나.

국전 최고상도 받고 국전 심사위원도 지냈으며 루브르 미술관에서 세 차례의 앙코르 요청까지 받을 정도로 세계적으로 인정받는 그에게 일흔 후반은 생애 최고의 걸작을 남겨야겠다는 소망으로 하루 한 시가 아까울 때가 아닌가. 그런데도 그는 순교 성인들을 그리면서 중병에 걸렸는데도 모든 것을 끊고 그 그림에만 매달려 끝까지 완성해낸 것이다. 더욱 놀라운 것은 그림을 완성한 그의 모습은 예전의 건강한 몸으로 돌아와 있었다.

언젠가 그가 말했다. 순교자가 지켜주어 아픈 것도 두렵지 않다고. 신리성지를 떠나오면서 나는 지금 무엇을 위해 살아가고 있는지 부끄럽기만 했다.

그 얼마 후 그의 제자들이 흰물결갤러리에서 전시회를 하고 싶다고 했다. 나는 그가 길러낸 제자들은 어떤 사람들이며 어떤 그림을 그리고 있을지 궁금해 전시회를 열기로 했다. 그런데 그들은 미술계에 만연한 홍대니 중대니 서울대니 하는 학연이나 파벌로 맺어진 화가들이 아니었다. 그들은 대학에서 배우지 못한 것을 그로부터 배웠다고 했다. 그림보다 인간이 되어야 진정한 화가가 된다며 화론과 인성을 가르쳤고 수십 년간이나 수업료도 받지 않았다는 이야기에 나는 그의 제자들의 작품이 더욱 궁금했다.

전시를 위해 작품들이 속속 모여들었는데 신기한 것은 한 스승으로부터 배웠는데도 그들의 그림은 모두 독특한 개성을 갖고 있었다. 과연 그 스승에 그 제자라는 생각이 들었다.

마지막에 그의 그림이 전시장 중앙에 걸렸다. 제자들은 진심으로 그를 존경했다. 그가 한없이 부러웠다. 지금 그와 그의 제자들, 그 제자의 제자들인 중견 화가 서른다섯 명의 작품이 흰물결갤러리에 걸려 오가는 사람들에게 조용히 다가가고 있다.

일랑 이종상! 그를 만날수록 나는 그가 평생 그림을 그린 화가라기보다는 '이종상'이라는 인간이 가져야 할 모습을 그려왔다는 확신이 굳어갔다.

그런데 이번 전시회를 열면서 그는 자신만을 그린 것이 아니라, 화가의 길을 걸어야 할 제자들의 모습까지 그려왔다는 생각이 든다. 그가 그 무엇으로도 바꿀 수 없는 그 귀한 4년의 세월을 순교화에 쏟아부은 것도 그림이 아니라 순교자의 마음을 그리고, 그 순교화를 보는 사람들에게 순교자의 마음을 그려 넣고 싶었기 때문일 것이다. 어쩌면 내가 내민 돈 봉투를 한사코 거절했던 것도 그가 '이종상'이라는 자신의 그림을 흩뜨리지 않음으로써 내 안에도 귀한 뭔가를 그려 넣고 싶었던 것은 아니었을까?

세상에는 돈을 그리고 지위를 그리고 꿈을 그리는 사람은 많다. 그러나 끊임없이 '나'를 그리는 사람은 만나볼 수 없었다. 이 세상에서 아무리 많은 것을 이룬다 한들 '나'라는 한 인간의 모습을 그려가지 못한다면 무슨 소용이 있겠는가. 나는 무슨 그림을 그리려 하고 있는가?

스스로 찾아가는 돈과 영성

1 선하게 일했더니 돈이 들어온 경험이 있는가?

2 요령을 써서 돈을 벌어 본 경험이 있다면 그때 그대의 마음은 어떠했는가?

3 화가가 '돈이나 좇는 화가'의 길을 벗어나자 어떤 일이 일어났는가?

4 우리 주변에서 성공했지만 실패한 사람을 본 적이 있는가?

5 인생을 살면서 그때는 실패라고 생각했지만 지금은 성공이라고 생각되는 사건이 있는가?

땅의 돈, 하늘의 돈

돈 벌기의 영성은 무엇인가

1   시냇물이 마르면 고기도 뛰어놀 수 없고 벼도 자랄 수 없다. 시냇물은 어디서 흘러오던가. 시냇물이 마르지 않으려면 샘이 마르지 않아야 한다. 인간의 지성, 감성, 의지는 영성에서 흘러나온다. 영성이 마르면 지성, 감성, 의지, 몸까지도 시들어가지 않겠는가.

2   영성이란 무엇인가. 영성이란 본질로 돌아가는 것이

다. 이 세상 어떤 일이든 본질로 돌아가면 길이 보인다. 지성, 감성, 의지도 그 뿌리인 영성으로 돌아가면 제 길을 가게 된다.

3 돈에 관한 영성은 무엇일까? 돈 벌기도 돈의 본질, 돈벌이의 본질로 돌아가자는 것이다. 돈벌이의 본질은 무엇일까? 돈이 돈을 버는 것이 아니라 돈은 '사람'이 번다는 것을 확실히 아는 것이 돈에 관한 영성의 첫 번째 관문이다.

4 돈을 버는 '사람'의 본질은 무엇일까 생각해 봐야 돈벌이의 본질에 다가가게 된다. 사람의 무엇이 돈을 벌게 하는 것일까? 그것은 사람의 생각이다. 생각의 높고 낮음에 따라 돈 버는 차원도 달라질 것이기에.

5 막연하게 생각이 돈벌이의 본질이라고 하면 뭔가 의문이 생긴다. 생각이 돈을 번다면 돈을 벌게 되는 '생각'의 본질은 또 무엇일까?

6 이 세상 모든 사람이 돈 벌 생각을 하고 있는데 어떤 사람은 돈을 잘 벌고 어떤 사람은 돈을 잘 벌지 못한다. 그렇

다면 '돈을 잘 버는' 생각과 '돈을 잘 못 버는' 생각은 돈을 버는 것에 관한 '생각'이라는 점에서는 같지만 다른 것이 분명하다. 따라서 돈을 벌겠다는 생각 그 자체만은 돈을 잘 버는 생각의 핵심이 아니다.

7   '돈을 잘 버는' 생각의 핵심은 무엇일까? 그것만 알아낸다면 돈 벌기처럼 쉬운 것은 없을 것이다.

그대는 어떤 부자이기를 원하는가

1   나무를 잘 깎는 법을 알려면 나무를 깎는 법에 관한 지식을 쌓는 것보다 나무를 잘 깎는 목수를 따라다니는 것이 훨씬 좋은 방법이다. 마찬가지로 돈을 잘 버는 생각의 핵심을 알려면 돈을 잘 버는 사람들은 어떤 생각을 갖고 있는지 알아보는 것이 최고의 선택일 것이다.

2   부자들은 어떤 생각을 갖고 있었을까? 그런데 아쉽게도 부자들의 생각은 다 다르다. 어떤 사람은 세계 최고의 부자가 되는 것을 목표로 돈을 벌었을 것이다. 어떤 사람은 돈으로 권력을 사려고, 어떤 사람은 주식이 재미있어서 돈을 벌었을 것이다. 그렇다면 돈을 잘 버는 생각의 핵심은 종잡

을 수 없게 되고 만다.

3   그대는 어떤 부자가 되고 싶은가? 내가 그리는 부자는 어떤 것인가를 결정하는 것, 그것이 바로 돈을 잘 버는 사람이 가장 먼저 가져야 할 생각이다. 나는 이것이 돈을 잘 버는 생각의 핵심이라고 확신한다.

4   아무리 돈을 많이 벌었다 하더라도 자기가 원하는 부자의 모습이 아니라면 그는 돈을 잘 번 것이 아닐 것이다. 그러나 돈을 적게 벌었다 하더라도 자기가 원하는 부자가 되었다면 그는 돈을 잘 번 것이다.

5   내가 바라는 부자의 상이 없다면 부자가 될 수 없다. 어떤 집을 지을지 결정하지 못한 사람은 그 어떤 집도 지을 수 없듯이, 내가 왜 돈을 벌려는 것인지 목적이 분명하지 않다면 돈을 잘 버는 사람은 결코 될 수 없다.

6   돈을 잘 버는 생각의 핵심은 내가 어떤 부자가 될 것인지 결정하는 것이다. 그런데 사람들은 내가 어떤 부자가 될 것인지는 생각도 안 해보고 돈을 잘 벌려고만 한다. 얼마

나 놀라운 일인가!

7   내가 어떤 부자가 될 것인지 아는 사람은 영성적인 사람이다. 영성이란 본질로 돌아가는 것이기 때문이다. 영성적인 사람은 '부자'도 '사람다운 사람'이 되기 위한 수단이라는 것, '부자'가 되는 과정도 '사람다운 사람'으로 사는 과정일 뿐이라는 것을 언제나 가슴에 간직하고 살 것이다.

8   돈을 버는 것도 내가 '사람'이라는 사실에서부터 출발할 때 영성적이라 할 수 있다. 사람다운 '사람'이라 함은 어떤 사람을 말하는가. 돈 문제든 결혼 문제든 직장 선택이든 삶의 어느 순간에도 내가 '사람'이라는 본질에 충실한 사람일 것이다.

9   돈을 아무리 잘 벌어도 그 돈이 자신을 사람답게 하지 않는다면 그 돈벌이는 제대로 된 돈벌이가 아니라는 신념을 갖고 있는 '사람'이다.

10   돈을 잘 번다는 것은 금고에 돈이 많이 쌓인다는 것이 아니라 그대가 원하는 목적대로 살아내기에 충분한 돈을

버는 것을 의미한다.

11 영성이 없는 사람은 돈을 많이 벌었다 해도 돈을 잘 번 것이 아니다. 아무리 많은 돈을 벌어 쌓아놓아도 그 돈을 어디에 가치 있게 쓸 것인지를 알지 못하니까.

땅의 돈, 하늘의 돈

1 사람들은 땅에서 광물을 발견하면 노다지를 캤다고 기뻐했다. 하늘에는 광물과는 비교할 수 없이 어마어마한 에너지가 분명히 있는데도 땅의 자원만 바라보는 사람들은 하늘의 자원을 느끼지도 못한다.

2 광물처럼 땅의 자원이 있듯이 돈도 '땅의 돈'이 있고, 햇빛처럼 하늘의 자원이 있듯이 '하늘의 돈'이 있다. 광물을 캐는 사람처럼 땅의 자원을 캐려는 사람도 있지만 태양에서 에너지를 얻는 사람처럼 하늘의 자원을 캐는 사람이 있다.

3 '땅의 돈'만 아는 사람들은 '하늘의 돈'은 쳐다보지도 않는다. 그들은 말할 것이다. "하늘에 무슨 돈이 있느냐." 그러나 땅에서 얻을 수 있는 에너지보다 하늘에서 얻을 수 있

는 에너지가 얼마나 많은가.

4   '땅의 돈'만 벌려는 사람들은 남보다 먼저 돈을 차지해 야 한다며 온갖 수고를 아끼지 않는다. 그러나 하늘의 돈을 벌려는 사람들은 땅에 연연하지 않을 것이다.

5   보이지도 않는 땅에서 광물을 찾기가 얼마나 힘든가? 그런데도 사람들은 광물이 있을 것 같은 땅을 차지하려고 혈 안이 되어 경쟁한다. 그러나 태양에너지를 얻으려면 경쟁할 필요가 있던가. 태양은 이 세상 어디나 비추고 있으니.

6   돈도 사람들과 경쟁해야만 얻을 수 있는 돈이 있고, 사람들과 경쟁하지 않고도 얻을 수 있는 돈이 있지 않을까.

7   가만히 있어도 돈이 달려오는 사람이 있다. 반대로 돈 을 벌려고 발버둥 쳐도 돈이 도망가는 사람이 있다. 왜 이런 현상이 생기는 것일까? 사람들은 그것이 운이라고 한다. 과 연 그럴까?

8   돈에도 눈과 귀가 있다고 한다. 돈은 자기를 더 귀한

가치에 쓰려는지 금방 알아차린다. 그래서 자신보다 가치 없는 사람에게 가지 않고 더 가치 있는 사람에게 가려 한다.

9   우리가 돈보다 더 귀한 가치를 추구하려고 할 때 돈은 우리의 품 안으로 기꺼이 들어올 것이다. 그러나 그런 귀한 가치를 추구하는 사람이 돈으로 자신을 채우겠는가.

10   돈과는 비교할 수 없이 더 높은 가치로 자신을 채우려는 사람에게 돈은 달려가려 할 것이다. 그런 사람에게는 어떤 돈이 따라갈까. 그대는 '땅의 돈'을 벌고 있는가, '하늘의 돈'을 벌고 있는가.

하늘에서 돈을 내려준다고?

1   사람들은 "과연 하늘의 돈이란 게 있다는 말인가?" 믿지 않는다. 하늘의 돈을 가져본 사람은 그런 사람들에게 하늘의 돈이 얼마나 많은지 알려주고 싶을 것이다. 사람들이 하늘의 돈이 있다는 것을 알기만 해도 얼마나 편안하게 살 것인지 안타까워할 것이다.

2   땅의 돈은 땅이 그렇듯이 이 세상에 한정되어 있다.

그러나 하늘의 돈은 우주가 그렇듯이 무한하게 존재한다. 그런데도 사람들은 그 한정되어 있는 땅의 돈을 서로 차지하려고 수고한다. 태양에너지처럼 무한히 존재하는 돈을 왜 쳐다보려고조차 하지 않는 것일까?

3   태양에너지처럼 이 세상 어디에서건 누구와 경쟁하지 않고도 얻을 수 있는 돈, 그것이 하늘의 돈이다. 햇빛이 이 세상 도처에 내려오듯이 하늘에서는 이 세상에 돈을 내려주고 있다.

4   하늘에서 돈을 내려준다고? 사람들은 거짓말을 한다고 말할 것이다. 그렇다면 그대는 어디서 왔는가. 하늘은 그대의 부모를 통해 그대를 내려보냈다. 하늘에서 그대를 내려주지 않았다면 그대가 지금 이렇게 숨을 쉴 수 있는가.

5   그대는 땅에서 솟은 땅의 자식인가, 하늘에서 내려온 하늘의 자식인가. 그대가 하늘의 자식인데도 땅의 자식이라고 우기고 있다면? 하늘도 하늘의 돈을 가질 자격을 갖춘 사람에게 하늘의 돈을 내려주지 않겠는가.

6   돈이 없어도 가치 있는 일을 하면 돈이 생기더라는 사람이 있다. 돈이 없었는데 돈이 어떻게 생겼을까. 돈을 버는 일을 한 것도 아닌데 어떻게 돈이 들어왔을까. 그들이 거짓을 말하는 것일까.

7   이 세상에 돈을 벌려는 사람은 많아도 진정 가치 있는 일을 하려는 사람은 드물다. 그대도 그런 사람을 보면 기뻐하면서 미력이나마 돕고 싶은데 하물며 하늘이 잠자코 있겠는가. 하늘에서도 그런 사람을 발견하면 큰 잔치를 베풀 것이다. 하늘이 하고 싶은 일을 하는 사람! 하늘이 그를 내버려두겠는가.

8   하늘이 도와주려고 하기만 하면 무슨 일을 하는 데 돈이 없어 못 하겠는가. 하늘의 돈을 받아본 사람들은 돈이 없어 일을 못 하는 게 아니라는 것을 너무나 잘 알고 있다. 그대는 하늘의 돈을 받아본 적이 있는가.

9   하늘의 돈을 받아본 사람들은 돈이 없음을 한탄하지 않고 귀한 일을 하려는 마음이 부족하다고, 지혜가 부족하다고 한탄할 뿐이다. 그런 사람을 보면 하늘에서는 얼마나 반

가워할까. 하늘이 잔치를 벌이는 사람이 되어 보라! 하늘에서 쏟아지는 햇살처럼 그대에게 쏟아질 돈이 보이는가.

한밤중 문 두드리는 소리

"땅 사러 다니셨다고 들었습니다. 우리 회사 땅 사지 않겠습니까?"

쾅! 쾅! 쾅!

새벽 두 시 수위아저씨가 사무실 문을 두드린다. 우리는 서로 얼굴만 쳐다본다. 이번에는 뭐라고 변명해야 하나? 은진이가 두려운 얼굴로 문을 연다.

"우리도 잠을 자야 할 것 아닙니까. 건물에 경비시스템도 걸어야 하고. 빨리 좀 나가 주세요!" "죄송합니다. 30분만 하면 끝날 것 같은데…." "12시에 순찰 왔을 때도 30분만 더 하면 된다고 했잖아요? 그런데 지금 새벽 두 시입니다. 날마다

30분, 30분 하면서 아침까지 계시니 몇 년째 밤잠 설치는 우리도 죽을 맛입니다. 대책을 좀 세우세요. 대책을!"

수위아저씨가 문을 쾅 닫는다. 밤새 책을 만들던 편집실 직원들은 모두 죄인이라도 된 듯 쥐 죽은 듯 조용하다. 아내도 한숨만 쉰다. 모두 미안한 마음이 가득하지만 그렇다고 사무실을 당장 나갈 수도 없다.

8월호 책을 마감해야 할 날이 벌써 며칠이나 지났다. 독자들은 책이 왜 안 오냐고 전화를 해온다. 그렇다고 책을 대충 만들 수도 없다. 모두 숨죽이고 원고를 수정한다. 원고 몇 줄 고치고 나면 금세 몇 시간이 흐른다. 어느새 창밖이 부옇게 밝아온다.

법원 앞, 변호사 사무실로 가득 찬 '정곡빌딩'에서 〈가톨릭 다이제스트〉를 만들어온 지도 벌써 7년이 지났다. 아내의 까만 머리도 희끗희끗해지고 내 눈도 조금씩 어른거린다.

오후 여섯 시, 어김없이 에어컨이 꺼지면 등줄기에서부터 땀이 흐르고 얼굴에도 줄줄줄 흘러내려 흥건히 만져진다. 그런데도 글을 쓰고 글을 읽고 글을 고치고 있으면 마음이 평온하다. 순수한 영혼들이 보내오는 글에는 그 어떤 어려움도 이겨낼 수 있는 힘이 있어 어느 때는 줄줄줄 흐르는 땀을 닦

아내면서도 '아, 나는 정말 축복받았어' 하고 중얼거리기도
한다. 하지만 그 평화로운 사무실에 수위아저씨가 다가오는
발소리만 들려도 바짝 긴장이 되고 쾅쾅 문을 두드릴 때면
가슴이 조여온다. 그렇게 오랜 세월을 견뎌온 것도 기적이
다. 그런데 오늘따라 대책을 세워야 할 것 아니냐는 수위아
저씨 말이 계속 귓가에 맴돈다. 변호사 일은 그만둬도 책 만
드는 일은 그만둘 수 없지 않는가.

　책을 읽고 '이혼의 위기를 넘겼다' '자살에서 벗어났다' '삶
의 의미를 다시 생각하게 되었다' '증오하던 사람을 용서한다'
는 편지를 얼마나 많이 받았던가.

　마음 놓고 책을 만들 수는 없는 것일까. 여러 사람이 임대
해 쓰는 사무실이 아닌, 나만의 건물이 있다면… 한밤중에도
당당히 수위실 앞을 지나 간식도 사 나를 수 있고, 무더운 여
름밤에도 비 오듯 땀을 흘리지 않아도 될 것이다. 무엇보다
저렇게 공들여 책을 만들고 있는 직원들이 마음을 졸이는 일
은 없을 것이다.

　나는 그때까지 내가 서울에 건물을 갖겠다는 생각은 한 번
도 해본 적이 없었다. 변호사들 대부분이 그렇듯 나도 사무
실 한 칸 세내어 열심히 일만 하면 된다고 믿고 있었다. 그러

나 새벽까지 일해야 책 한 권 겨우 만들어내는 잡지사를 하려면 임대사무실은 적합하지 않다는 깨달음 같은 것이 그날 떠올랐다.

그다음 날부터 나는 땅을 알아보기 시작했다. IMF 위기 때라 땅값이 곤두박질치고 있었다. 땅을 사고 나서 값이 계속 떨어질지 모른다는 두려움도 줄줄줄 흐르는 땀보다, 밤마다 쾅쾅거리는 소리보다 더 나를 움츠러들게 하지는 않았다. 은행에서 융자받아야 하는 천문학적인 금액의 빚도, 어마어마한 액수의 이자도 나를 막을 수는 없었다.

나는 사옥 지을 땅을 찾아 나섰다. 변호사 수입이 있어야 책에서 생기는 적자를 메꿀 수 있기에 법원과 가까운 곳, 맑은 책을 만들어야 하기에 음식점이나 상가가 밀집된 곳이 아닌 조용하고 깨끗한 곳, 밤늦게 퇴근하는 직원들이 안전하게 다닐 수 있는 곳, 신부님이나 수녀님이 다녀가시기에도 혼란스럽지 않은 곳, 문화적인 행사를 하기에도 적합한 곳을. 그러나 그런 땅은 없어 보였다.

그런데 집에서 사무실에 오갈 때면 이상하리만치 내 눈에 늘 환하게 들어오는 곳이 있었다. 모델하우스로 사용되고 있을 만큼 교통도 편하고 찾기도 쉬웠지만 꽤 넓어서 감히 내가 엄두도 낼 수 없을뿐더러 재벌 회장의 소유라 팔 리도 없는 땅이었다.

나는 차선책으로 법조단지에 나온 작은 땅들을 찾아 계약을 시도했다. 그러나 토지매매는 아파트매매와 영 달랐다. 땅값은 주인이 부르는 게 값이었다. IMF에서 서서히 벗어나면서 하루 이틀 사이에 값이 오르기 시작했다. 부르는 값에 계약을 하러 가면 더 달라고 하고, 더 준다고 하면 또 값을 올리고, 그 올린 값에라도 사겠다고 하면 나중에 팔겠다며 만나주지도 않고….

1년을 그렇게 헤매다 어느 날 이런 생각이 들었다. '귀한 책은 땀 흘리며 만들라는 뜻인가 보다' 나는 땅 사는 걸 포기하고 책 만드는 데만 집중하기로 했다. 수위아저씨들과의 숨바꼭질이 다시 시작되었다.

그렇게 시간이 흘러가던 어느 날, 나는 어느 회사 전무의 전화를 받았다. "땅 사러 다니셨다고 들었습니다. 우리 회사 땅 사지 않겠습니까? 구조조정으로 팔아야 할 땅이어서요." 나는 물었다. "어디에 있는 땅인데요?" "서초역 7번 출구 앞 모델하우스로 쓰고 있는 땅입니다."

나는 숨이 멎는 것 같았다. 늘 빛이 나 보였던 그 땅이 아닌가! 순간 하마터면 "오, 주여!" 하고 소리 지를 뻔했다. 정말 우리에게 딱 맞는 땅인 데다 그동안 알아봤던 땅들에 비해 값도 의외로 비싸지 않았다.

계약하던 날 회장과 마주 앉았다. 나는 그가 또 땅값을 올리면 어쩌나 잔뜩 긴장이 되어 나도 모르게 "값 좀 깎아주세요." 사정했다. 그것은 값을 올리면 어쩌나 하는 두려움에서 내지른 비명 같은 것이었다. "값은 한 푼도 깎아줄 수 없습니다." 그가 벌떡 일어서서 나갈 것만 같은 목소리여서 나는 초조했다. 그가 다시 말문을 열었다. "값은 깎아주지 못하지만 당신이 좋은 책을 만들고 있다는 얘기를 들었으니 그 책 1천 부를 교도소에 보내는 데 후원하겠소."

나는 기쁨을 감추지 못한 채 계약서에 서명했다. 그리고 〈가톨릭다이제스트〉를 줄줄 꿰고 있을 만큼 열렬한 애독자인 은행 지점장에게 계약 사실을 알렸다. 그가 융자를 주선해주어 나는 꿈조차 꾸지 못했던 땅을 갖게 되었다.

그 후 10년간 흘린 땀을 시원스레 닦아주기라도 하듯 기적 같은 일들이 연달아 일어나면서 겨울에는 온돌이 되고 여름에는 언제라도 에어컨을 켤 수 있는 사무실에서 책을 만들고 있다.

그 후 또 10년이 흘렀다. 그 땅에 건물을 지었더니 조용한 사무실을 찾는 회사들이 들어와 임대료 수익도 생겨 나는 매달 〈가톨릭다이제스트〉를 만들면서 맛보아야 했던 경제적 어려움에서도 벗어날 수 있었다.

이 모든 선물이 한밤중에 쾅쾅쾅 문을 두드리던 수위아저씨 덕분이라고 하면 누가 믿어주겠는가?

스스로 찾아가는 돈과 영성

1 그대도 돈이 그대를 만나고 싶어 하는 매력이 있을 것이다. 그대에게는 어떤 매력이 있는가?

2 그대는 돈이 그대를 위해 일하고 싶도록 할 어떤 계획을 갖고 있는가?

3 그대는 경제적으로 어려운 형편일 때도 세상과 남을 위해 돈을 써본 적이 있는가?

4 그대에게 뜻하지 않게 들어온 돈이 있었는지 떠올려 보라. 그대는 뜻하지 않게 들어온 그 돈을 어떻게 사용했고, 앞으로는 어떻게 사용하려고 하는가?

5 그대는 하늘의 돈을 받아본 적이 있는가?

선善자원론

선이 자원이라니!

1   하늘의 돈은 사람이 주는 돈이 아니라 하늘이 주는 돈이다. 사람이 주는 돈은 대가를 바란다. 그러나 하늘이 그대에게 바랄 것이 있겠는가.

2   땅의 돈은 한정되어 있기에 얻으려면 사람들과 경쟁해야 하고, 경쟁에서 이겨도 벌어들이는 돈은 너무나 적다. 설령 벌어들였다 할지라도 뒤처진 사람들이 곧 쫓아와서 빼

앗으려 한다.

3   하늘의 돈은 너무 많아서 사람들과 경쟁이 필요 없다. 하늘의 돈은 땅의 돈과 비교할 수 없이 크고 많다. 그 많고 많은 돈을 받을 방법은 없는 것일까.

4   그것은 하늘이 어떤 사람에게 하늘의 돈을 내려주는 지 알면 되는 것이다. 그대가 하늘이라면 그대는 누구에게 주고 싶을까? 막연히 돈만 많이 갖겠다는 부자는 아닐 것이다. 하늘이 돈을 내려주고 싶은 사람을 만나 보라!

5   아브라함은 수천 년 동안 '믿음의 조상'으로 불릴 만큼 명예로운 사람이었다. 인간으로 태어나 물질이건 명예건 아브라함만큼 복을 받은 사람도 없을 것이다. 그는 그 많은 복을 어디에서 얻었을까? "주님께서는 모든 일마다 아브라함에게 복을 내려주셨다."는 구절에서 우리는 아브라함이 하늘의 돈을 받은 사람이라는 것을 알 수 있다.

6   인류 역사상 가장 아름다운 러브스토리는 무엇일까? 리브가와 이사악의 이야기라고 말한다. 두 사람이 첫눈에 반

해 사랑에 빠진 것도 아니고, 요즘처럼 스포츠카 타고 멋진 데이트는커녕 서로 얼굴 한번 안 보고 말 한마디 건네 보지 않은 채 결혼했는데 왜 최고의 러브스토리라고 하는 것일까?

7   여름날 샘에서 물동이에 물을 가득 길어 집으로 가던 리브가에게 낯선 노인이 물을 달라고 했다. 리브가가 목마른 노인에게 물을 드리자 목마른 그는 맛있게 물을 마시고 나서 나무 그늘 아래 앉았다. 그때 리브가의 눈에 노인의 짐을 싣고 온 낙타들이 들어왔다. 무더운 사막을 무거운 짐을 싣고 힘들게 온 낙타들도 몹시 목이 말라 보였다.

8   우리는 목마른 자가 물을 달라고 하면 그 사람에게만 물을 주고 만다. 그러나 리브가는 물을 달라는 사람에게 물을 줄 뿐만 아니라 물을 달라고 하지 않은 낙타도 살펴본다. 사랑의 눈이 없으면 그냥 지나치고 말 터인데….

9   사람보다 120배나 더 많은 물을 마신다는 낙타에게 물을 먹이려면 힘겨운 두레박질을 수도 없이 해야 할 것이었다. 그러나 리브가는 목마른 낙타들을 그냥 지나칠 수 없어 땀을 뻘뻘 흘리며 물통 가득가득 물을 채워주었다. 낙타들은

그 시원한 물을 마시며 얼마나 행복했을까. 나무 그늘에서 그 아름다운 광경을 지켜보고 있는 노인의 눈길을 상상해 보자. 그 흐뭇한 눈길을….

10   부탁도 하지 않았는데 낙타들에게 낑낑거리며 물을 먹이는 리브가를 보며 노인만 행복했을까? 저 하늘에서 그 광경을 보며 어떠했을지 상상해 보라!

11   아브라함의 부탁을 받고 그의 아들 이사악의 신붓감을 찾으러 온 노인의 마음에 리브가는 어떤 사람으로 새겨졌을까? 노인에게 새겨진 그 모습은 결국 리브가를 당대 최고의 거부인 아브라함의 며느리가 되도록 한다. 요즘 같으면 빌 게이츠의 며느리가 된 것이다. 그저 목마른 낙타에게 물을 먹여주었을 뿐인데….

12   만약 리브가가 그 남루한 노인을 무시하고 콧대 높은 아가씨들처럼 '흥!' 하면서 물도 주지 않고 샘터를 그냥 떠나버렸다면, 누가 그런 여자를 며느리로 추천하고 싶겠는가. 아니 어떤 남자가 그런 여자와 결혼하고 싶겠는가.

13   요즘 길에서 무엇을 물어보면 겉모습만 슬쩍 보고 대답은커녕 모르는 체하고 가버리는 아가씨들이 의외로 많다. 그런데 그녀들은 하나같이 결혼 상대가 없어 결혼을 못한 것이라고, 결혼은 쉽지 않더라고 이야기한다. 그리고 그런 사람들이 늘어갈수록 결혼은 어렵다는 주장이 마치 진리처럼 세상을 뒤덮는다.

14   리브가가 지금 이 세상에 와서 결혼은 너무 쉽더라고 하면 사람들은 그녀를 이상한 사람 취급할 것이다. 그리고 부자 되기도 너무 쉽더라고 하면 아마 인터넷에서 몰매를 맞을 것이다.

15   그녀는 이렇게 요즘 어렵다고 아우성치는 결혼도 쉽게 하고, 어마어마한 부도 그녀에게 쉽게 다가왔다. 하지만 그것 때문에 이 이야기가 인류 최고의 결혼이야기가 된 것은 아니다. 이 이야기에는 그보다 더 아름다운 그 무엇이 숨겨져 있다. 그 보물을 찾아낸다면!

가장 아름다운 보물은 어디에

1   우리는 무슨 일을 하건 대가를 바란다. 만약 리브가가

노인에게 물을 주는 대가로 1달란트를 요구했다면…. 낙타 한 마리당 10달란트의 물값을 받아야 물을 주겠다고 했다면 또 어떻게 되었을까? 아마 목마른 노인은 그녀의 요구대로 물값을 주었을지도 모른다.

2   무슨 일을 하고 대가를 바라면 그 대가는 받을지 몰라도 그 선의는 사라지고 만다. 노동의 대가는 받아도 선의의 대가는 받지 못한다. 리브가가 노동의 대가를 기대했다면 결혼도 하지 못하고 당대 최고 거부의 며느리도 되지 못했을 것이 분명하다. 노동의 대가는 미약하지만 선의의 대가는 상상할 수도 없을 만큼 크다. 그런데 우리는 왜 작은 대가에 집착하는 것일까.

3   낙타들에게 물을 주는 리브가를 지켜보는 노인의 눈길을 상상해보자. 아마 그의 눈에는 부드러운 봄바람이 불고 있었을 것이다. 무엇보다도 리브가의 그 순수한 마음이, 한없는 사랑이 노인의 눈길에 넘실거렸을 것이다.

4   그 장면을 지켜보는 것이 노인의 눈길뿐이겠는가. 구름도, 해님도, 땅에서 샘솟고 있는 샘물도 기쁨의 노래를 불

렀을 것이다. 우주까지 기쁘게 하는 그녀의 손길에 그 무엇
인들 기쁘지 않았을까!

5   우주까지 기쁘게 하는 데는 물 몇 번 길어다 주는 것
만으로도 충분하다. 그런데 문제는 우주도 기뻐할 그 일을
우리가 대가 없이 하려고 하지 않는다는 점이다. 그런 사람
들에게 부스러기 같은 땅의 돈은 좀 올지 몰라도 하늘의 돈
이 오겠는가, 바로 거부가 되는 결혼이 다가오겠는가? 절대
로 손해 보지 않고 산다는 사람들은 순간순간 자신에게 찾아
오는 큰 복을 차버리면서 살고 있다는 사실을 모른다.

6   만약 노인이 그곳에 이사악의 신부를 찾으러 온 것이
아닐지라도, 리브가가 낙타에게 물을 주는 광경을 보며 노인
은 '저 아가씨라면 이사악의 신붓감으로 손색이 없겠구나!' 자
기도 모르게 생각할 것이다. 이렇듯 선한 행동은 새로운 생각
을 잉태하게 한다. 그렇게 잉태된 선한 씨앗은 또 다른 열매를
맺게 된다.

7   그럴 일은 많지 않지만 혹시라도 노인이 땀을 뻘뻘 흘
리며 낙타에게 물을 주는 리브가의 선한 마음을 보고도 그

냥 지나쳤다고 가정해보자! 그렇다고 해서 리브가가 정말 손해를 보았을까? 해도 달도 별도 그리고 샘물도 아니 낙타에게도 그녀의 선한 씨앗이 심어졌는데 그 씨앗이 어디로 달아나겠는가! 그런데도 요즘 우리는 사람들이 나의 선한 마음을 이용하려고만 해서 선한 일을 했다가는 결국 나 혼자만 손해를 본다고 말한다.

8   설령 어디에도 그녀의 선한 씨앗이 심어지지 않았다 할지라도 그녀의 마음속에는 떳떳함이, 행복함이, 그리고 사랑이 새겨졌을 것이다. 그런 사랑은 그녀의 DNA에도 새겨져 그녀를 건강하고 행복하게 만든다.

9   만약 그녀가 물주기를 거절하고 발걸음을 재촉하였다면 그녀의 DNA에는 무엇이 새겨졌을까? 아마 그녀의 얼굴에 드리워진 사람에 대한 멸시와 무관심이 다른 사람들 눈에도 느껴질 것이다. 그녀가 선한 남자와 결혼할 확률은 점차 줄어들 것이며, 그녀가 만약 장사라도 한다면 손님들은 그녀의 가게를 멀리할 것이다. 당연히 돈 벌기도 결혼도 힘겹기만 하고 불행이 그녀 곁을 맴돌지 않을까.

덤이 가져다주는 축복

1 　리브가는 노인이 부탁하지도 않았는데 낙타들에게도 물을 준다. 부탁해야만 필요한 것을 주는 사람이 있고, 부탁하지 않아도 무엇이 필요한지 살피는 사람이 있다. 노인은 자기에게만 물을 주는 여자를 신붓감으로 삼을 생각이 없었다. 자기뿐만이 아니라 낙타들에게도 물을 주는 여자를 며느리로 선택하리라 다짐했었다.

2 　노인은 하나를 달라고 하면 하나만 주는 사람이 아니라 둘과 셋을 주는 사람이야말로 진정 선한 사람이라고 믿고 있었던 것이다. 그런데 우리는 하나를 달라고 하면 하나만 주는 것으로 할 일을 다 했다고 믿는다.

3 　우리는 덤을 받기는 좋아하면서도 덤을 주기는 싫어한다. 그러나 사람들이 덤을 주지 않는 상인보다 덤을 주는 상인을 찾듯 우리도 덤을 주는 사람을 찾는다.

4 　직장에서 하라는 일만 하는 직원은 그냥 직원일 뿐이다. 그러나 해야 할 일을 찾아서 하는 직원은 회사의 리더다. 리브가가 요즘 회사에 다닌다면 사장이 시킨 일만 하겠는가.

사장이 챙기지 못하는 일, 회사에 꼭 필요한 일뿐만 아니라 다른 사람들에게 필요한 일까지도 기쁘게 하지 않을까.

5　　사장이 시키기도 전에 회사에 필요한 일을 해놓은 그녀를 보며 얼마나 기뻐하겠는가. 그녀를 신뢰하게 되고 승진도 시킬 것이다. 승진하면 급여도 오를 것이다. 그뿐인가?

6　　리브가가 결혼하지 않은 아가씨라면 사장이건 동료들이건 자기 주위에 건실한 미혼 청년이 있는지 생각해볼 것이다. 리브가가 결혼 상대를 찾아달라고 부탁하지 않아도 사장은 물론 직장 동료들이 그녀의 결혼을 위해 나서줄 것이다. 나보다 나를 위해 뛰는 사람들이 있다면!

7　　우리는 나 스스로 뭘 하지 않으면 나를 위해 일을 해주는 사람이 이 세상에 없다는 불신 같은 것을 갖고 있다. 그래서 내 이득을 얻기 위해 내가 무언가를 열심히 하지만 별 소득이 없는 경우가 많다. 그래서 돈 벌기도 결혼도 어렵고 세상살이가 너무 힘들다고 하소연하는 것이다.

8　　리브가는 돈벌이보다는 선을 행하는 데 관심을 쏟고

사는 여자였다. 결국 그 선함이 그녀를 당대 최고 거부 아브라함의 며느리가 되게 한 것을 보면, 돈이란 돈을 좇아가는 사람보다는 돈보다 더 귀한 가치를 향해 가는 사람을 더 따라가는 것을 알 수 있다.

9   리브가의 이야기가 인류 최고의 결혼이야기가 된 것은 남녀가 만나 드라마틱한 사랑을 했기 때문이 아니라 선을 행하면 결혼이건 돈이건 모든 것이 더불어 따라온다는 사랑의 가치를 담고 있기 때문일 것이다.

10   영성이란 세상 사람들의 지식이나 경험을 뛰어넘는 지혜다. 영성에 눈을 뜨면 돈이 보인다. 그리고 그 영성이 돈을 만든다. 그러나 영성에 눈을 뜬 사람은 돈을 목적으로 살지 않는다. 돈보다 더 높은 가치를 향해 살아간다. 더 높은 가치를 향해 살아가는 사람의 품에 돈이 안기려고 하는 것은 너무나 당연한 일이 아닐까.

선善자원론

1   선善함이 무슨 자원이냐고 의아해할 것이다. 그러나 리브가의 결혼이야기에서 보듯 리브가는 물적 자원이나 풍

부한 지식정보로 이사악과 결혼을 한 것도 아니고 부를 얻은
것도 아니다.

2   그녀가 갖고 있었던 자원은 오직 '선함' 그 한 가지였
다. 그 선함이 아브라함의 종인 노인의 마음을 차지했다. 사
람의 마음을 차지하면 그 사람이 가진 모든 것을 얻을 수 있
다. 사람의 마음은 물적 자원이나 지식정보만으로는 정복할
수 없다. 오직 선함만이 사람의 마음을 얻을 수 있다.

3   인간은 누구나 자신의 내면 깊숙한 곳에 선함을 갖
고 있기 때문에 선을 사랑한다. 그런데 선함은 서로 경쟁하
는 것이 아니라 서로 돕는 성질을 갖고 있다. 내가 선을 행했
다고 해서 남이 선을 행하지 못하는 것도 아니고, 내가 선을
행했는데 남이 나보다 더 큰 선을 행했다고 해서 내 선의 가
치가 없어지는 것도 아니다. 그래서 서로서로 선을 행하기만
하면 선이라는 자원은 더욱더 풍성해진다.

4   우리가 잘살아가려면 선善자원을 쌓아야 한다. 선한
마음을 갖고 있으면 선한 곳에 쓰기 위해 지식정보를 얻는
데도 소홀하지 않을 것이고 지식정보가 풍부하다면 물적 자

원도 자연히 따라올 것이다. 낮은 가치는 높은 가치를 따라가기 마련이기 때문에 나는 선자원이 풍부할수록 정신적으로도 물질적으로도 풍요롭게 살 수밖에 없다고 믿는다.

5　　재밌는 사실은 선이 자원이라고 믿는 사람들은 정작 돈에 큰 관심을 갖지 않는다. 선이라는 더 높은 가치가 있는데 더 낮은 가치인 돈벌이에 연연하겠는가. 그러면 돈은 더욱더 그런 사람을 쫓아올 것이다.

6　　우리가 가슴속에 선善자원과 같은 영적 자원을 쌓는다면 더욱 아름답고 더욱 평화롭게 이 세상을 살아가리라 확신한다. 과거에는 천연자원이 많은 나라가, 요즘에는 지식정보가 많은 나라가 부유한 나라라고 생각해왔지만 '선'자원이야말로 진정 부유한 사람, 부강한 나라로 만드는 것이 아닐까.

7　　이 세상에서 가장 가치가 높은 자원이 선善자원이라는데 동의한다면 그대는 영성에 눈을 뜬 사람이다. 인간은 누구나 선한 사람을 만나고 싶어 하고, 우주까지도 선한 사람에게 무언가를 주고 선한 사람을 가치 있는 사람으로 대우하고 싶어 할 것이기에.

8   천연자원과 지식정보는 경쟁해서 얻어야 하기에 얻기도 힘들지만 막상 소유해도 더 고품질의 자원이나 지식정보가 나오면 무용지물이 되고 만다. 그러나 선善자원은 누구나 경쟁하지 않고도 가슴 속에 품기만 하면 언제나 꺼내 쓸 수 있고, '선'이란 언제나 그 자체로 고품질이어서 더 고품질의 '선'이 나온다고 해서 무용지물이 될 리도 없다.

9   선善자원은 온 우주와 내 가슴속에 무궁무진 존재하고 있어서 내가 마음만 먹으면 꺼내쓸 수 있다.

10   '돈과 영성'은 그 큰 축복에 눈을 뜨는 것이다. 눈만 뜨면, 가슴만 열면! 그대에게 이보다 더 큰 축복이 있는가?

사랑만으로 건물 지어질까?

'더 이상 어쩔 수 없어. 나는 하느님이 아니야.
내가 할 수 있는 일은 다 했어'

"400명에게 5백만 원씩 후원받으면 20억 원이 됩니다." 신부님은 그렇게 돈을 모아 건물을 짓겠다고 했다. "신부님, 그렇게 하는 것은 세상적인 방법 아닐까요?" 내 말에 신부님은 의아한 얼굴로 쳐다봤다.

몇 년 전 신부님이 노숙인을 위해 강의를 해달라고 해 방문한 적이 있다. 신부님은 노숙인 한 사람 한 사람에게 인사를 건네며 신나게 밥을 퍼주고 있었다. 불편한 다리로 몸을 질질 끌며 들어서는 사람, 누런 이를 드러내며 히죽 웃는 사람,

몇 달째 씻지 않았는지 고약한 냄새를 풍기는 사람…. 그들은 신부님이 식판에 담아주는 음식을 받아들고 식탁에 앉아 행복한 표정으로 밥을 먹었다. 땀에 젖은 얼굴을 닦으며 그 광경을 바라보는 신부님의 표정은 흐뭇해 보였다.

그런데 2년 전 그동안 무상으로 사용했던 그 집을 비워달라는 통보를 받았다. 날마다 그 집에 드나드는 5백여 명의 사람들에게 숙식을 제공할만한 넓은 장소를 어디서 구할 것인가. 하루하루 여기저기에서 구걸 받듯 꾸려온 신부님에게 건물을 마련할 돈이 있을 리 없었다.

이태리 출신인 그는 한국에 발을 내딛는 순간, 갈 곳이 없어 방황하는 이들을 보며 친구가 되어주기로 마음먹었다. 오롯이 그 마음으로 살아온 26년은 힘겹고 외로운 길이었다. '나도 더 이상 어쩔 수 없어. 나는 하느님이 아니야. 내가 할 수 있는 일은 다 했어'

그러나 남루한 옷, 쭈글쭈글한 얼굴, 다 빠진 이빨로 미소를 보내며 배불리 밥을 먹고 식당을 나서는 노숙인들을 보고 있자니 착잡했다. 이 집이 문을 닫으면 누가 이들에게 따뜻한 밥 한 끼 챙겨줄까? 내가 손을 놓아 버리면 누가 돌볼 것인가.

힘이 들더라도 새 건물을 짓자! 그러나 그것은 꿈일 뿐이었다. 평생 돈을 벌어본 적도 없고, 몸도 허약한 내가 무슨 힘으로 그런 건물을 짓는다는 말인가! 고민에 고민을 거듭하던 어느 날 문득 후원자들이 떠올랐다. 후원그룹을 4백 개로 나누어 5백만 원씩 모아 달라고 한다면? 20억 원이 모아지지 않는가. 그 돈이면 건물을 지을 수 있구나.

신부님은 그간의 생각을 털어놓으며 그런 계획을 담은 소식지를 어떻게 만들까 상의하러 나를 찾아온 것이었다. 신부님은 희망에 차 있었지만 나는 왠지 마음이 답답해 왔다. 지금까지 후원자들은 신부님의 순수한 열정에 한 푼 두 푼 힘을 합했을 것이다.

신부님이 한다고만 하면 그들도 후원할 거라는 생각은 들었지만 기꺼이 후원해왔던 마음에 그늘이라도 생긴다면? 건물이 완공된다 하더라도 결국 후원자들의 마음은 떠난 텅 빈 건물만 남게 되지 않겠는가.

10년 전, 나도 사무실을 옮겨야 할 일이 생겼다. 변호사를 하면서 매달 책을 만들려니 새벽까지 일을 해도 시간이 모자랐다. 자정을 넘기면 수위들이 나가 달라고 재촉했다. 금세 새벽이 되고 그사이 수위들은 몇 번씩 문을 두드리고…. 중앙집중식 건물이라 오후 6시면 에어컨이 꺼져 한여름 밤이면 사무실은 찜통이 되어 줄줄 흐르는 땀을 닦아가며 날마다 안절부절 책을 만들다 보니 서로에게 못할 일이었다.

조그만 사옥이라도 마련해 맘껏 책을 만들어야지! 하지만 IMF 때 폭락했던 부동산이 막 오르던 참이어서 계약하려고 하면 값을 올리거나 매물을 거두어들이는 게 반복됐다. 나는 힘이 빠져 마침내 사옥 마련의 꿈을 포기했다.

그 후 1년이 지나갈 즈음 전화 한 통이 왔다. 땅을 사지 않겠냐고. 내 형편에 감히 넘볼 수도 없는 위치에 큼직한 땅이라니! 꿈만 같았다. 계약을 하고 은행 융자를 받아 잔금을 치렀다. 건물을 지어야 하는데 나에게 건축비가 있을 리 없었다. 뜻밖에도 한 건설사에서 건물 완공 후 임대가 되면 그 보증금으로 건축비를 내라고 했다. 그렇게 건물도 지어졌다. 정말 기적 같은 일이었다.

나는 그때까지 돈이 있어야, 내가 노력을 해야 무슨 일이든 된다고 알고 있었다. 그런데 책을 만들기에 안성맞춤인 건물이 생길 줄이야. 그것은 내 돈으로, 내 노력으로 된 것이 분명 아니었다. 사람들이 좋은 글을 읽었으면 하는 마음 하나

굳게 먹었을 뿐. 나는 그 이야기를 신부님께 애타게 들려주었다.

"신부님! 돈 마련할 계획은 절대 세우지 마세요." "오갈 데 없는 노숙인들과 청소년들을 돌보지 말라는 겁니까?"

나는 분명하게 대답했다. "더 잘 돌보아주셔야지요. 신부님보다 더 잘 돌보아줄 사람이 이 세상에 어디 있겠습니까?" 신부님은 지금 무슨 말을 하냐는 듯 나를 쳐다보았다.

"신부님의 그 진실함과 사랑, 그 열정과 헌신을 누구보다 잘 아는 하늘에서 신부님 소망 하나 들어주지 않겠습니까? 돈이 아니라 사랑으로 지금까지 그 엄청난 일을 해 오셨는데 왜 돈을 걱정하십니까?" 신부님은 돈 한 푼 없는데 어떻게 건물이 생기느냐고 물었다.

"세상의 계산대로 살아오지 않았기에 수많은 사람들이 신부님의 뜻에 함께했습니다. 신부님의 사랑이 얼마나 큰지 알기 때문입니다. 사랑이 돈보다 힘이 없나요? 지금까지 그랬듯이 돈이 아니라 신부님의 사랑으로 건물은 지어질 겁니다." 그렇게 말하면서도 나는 신부님이 "당신 잘난 체하지 말아." 할까 봐 눈치가 보였다.

그런데 신부님은 잠시 생각에 잠기더니 그 맑고 선량한 눈을 반짝거리며 나에게 조용히 말했다. "꼭 건물을 지어야 한다는 생각에 빠져 세상적인 계산만 한 것 같아요. 마음이 정말 가벼워졌어요. 사제로서 부끄럽습니다."

말이 통하는 사람을 만날 때보다 더 행복한 순간이 있을까? 아! 나는 이렇게 말할 수 있는 사람을 얼마나 기다려왔던가. 신부님은 사무실을 들어설 때의 그 무거운 표정을 벗어버리고 밝은 미소를 띤 채 그의 '집'을 향해 일어섰다.

그리고 1년 반이 흘렀다. 새 건물이 완공되어 초대한다는 연락이 왔다. 한 방송국에서 진실로 어려운 이들을 온 마음을 다해 돌보는 신부님을 취재하여 방송했다고 한다. 그 방송을 본 수많은 사람들이 10억여 원도 넘는 돈을 보내왔다.

훌륭한 건축사가 건물 설계도 해주고, 가톨릭 수원교구장도 큰돈을 보태주었다. 신부님은 삼성에서 호암상으로 받은 상금 3억 원도 내놓았다. 꿈으로만 그렸던 바로 그 건물을 그렇게 지었다는 것이었다.

사람들은 말한다. 좋은 일을 하려면 돈이 필요하다고. 그러나 나는 말하고 싶다. 온 마음을 담아 선한 일을 하려고만 하면 얼마든지 할 수 있다고. 이런 말을 하면 세상 사람들은 나에게 잘난 체한다고 욕할지도 모른다. 그러나 진실로 무언가를 해본 사람들은 고개를 끄덕이지 않을까.

스스로 찾아가는 돈과 영성

1 대가를 바라지 않고 얻은 축복이 있었는가? 대가를 바라다가 잃어버린 축복이 있었는가?

2 선한 일을 하면 돈도 따라온다고 생각하며 사는가? 아니면 오히려 손해를 본다고 생각하는가?

3 손해를 보는데도 선한 일을 했다가 이득을 본 적은 없는가?

4 '선'이 자원이 아니라면 그대의 가장 큰 자원은 무엇인가?

5 선이 가장 큰 자원이라고 믿는다면 그대는 어떤 선善자원을 갖고 있는가?

이 세상 모든 사람이 돈 벌 생각을 하고 있는데
어떤 사람은 돈을 잘 벌고 어떤 사람은 돈을 잘 벌지 못한다.
그렇다면 '돈을 잘 버는' 생각과 '돈을 잘 못 버는' 생각은
돈을 버는 것에 관한 '생각'이라는 점에서는 같지만
다른 것이 분명하다. 돈을 벌겠다는 생각 그 자체만은
돈을 잘 버는 생각의 핵심이 아니다. '돈을 잘 버는' 생각의
핵심은 무엇일까? 그것만 알아낸다면 돈 벌기처럼
쉬운 것은 없을 것이다.

돈 벌기의 영성은 무엇인가

가만히 있어도 돈이 달려오는 사람이 있다. 반대로
돈을 벌려고 발버둥 쳐도 돈이 도망가는 사람이 있다.
왜 이런 현상이 생기는 것일까? 어찌 된 일인지 돈 벌기의
어려움에서 벗어나고 싶은 사람들은 많아도
"돈이 벌리지 않아! 내 생각부터 바꿔야겠어!"라고
말하는 사람이 없다. 모두 경제적 여건이나 운, 능력이나
인맥을 탓할 뿐이다.

돈을 잘 못 버는 사람일수록